PROCÈS

MIRÈS ET SOLAR

(3)

762 — PARIS. IMPRIMERIE DE CH. BONNET ET CIE, 42, RUE VAVIN

PUBLICATIONS
DU JOURNAL LES TRIBUNAUX

PROCÈS

MIRÈS ET SOLAR

— TRÈS-COMPLET —

TRIBUNAL CORRECTIONNEL DE LA SEINE

Prévention d'escroquerie. — d'abus de confiance. — d'infraction à la loi de 1856,
sur les sociétés en commandite.

PRIX : 75 CENTIMES

PARIS

LIBRAIRIE MODERNE

GUSTAVE HAVARD, LIBRAIRE-ÉDITEUR

19, BOULEVARD SÉBASTOPOL, 19

(Rive gauche.)

M DCCC LXI

(3)

PRÉLIMINAIRES

DU

PROCÈS MIRÈS ET SOLAR

Dans la soirée du dimanche, 17 février il se répandit dans Paris une nouvelle qui fit une sensation profonde sur tous les esprits; M. Mirès, disait-on, venait d'être arrêté chez lui. La nouvelle était si extraordinaire qu'aucun journal n'osa d'abord la publier. Elle se confirma cependant les jours suivants ; dès lors la curiosité publique se préoccupa vivement de rechercher quelles causes avaient pu amener cet événement et chacun appela avec impatience le moment où la Justice viendrait découvrir à tous les mystères de cette affaire.

Ce jour est enfin venu; nous avons pu recueillir les débats de ce procès qui marquera dans l'histoire. L'opinion publique confiante dans la sagesse de la Justice s'associe à ses décrets avec cette satisfaction qu'éprouve la conscience humaine de la révélation de la vérité et de la certitude d'une impartiale application de la loi.

Avant d'entrer dans les débats de l'affaire, nous allons donner à nos lecteurs quelques détails intéressants sur la vie de M. Mirès, empruntés à un ouvrage publié par lui-même et intitulé : A MES JUGES.

M. Mirès nous apprend qu'il est né à Bordeaux en décembre 1809. Son père avait un magasin dans la Bourse de Bordeaux, où il faisait le commerce de l'horlogerie et des monnaies. A douze ans, il entra en qualité de commis chez un marchand de verroteries, M. Beret, dont le

fils est aujourd'hui procureur général à l'île de la Réunion.

Plus tard, il fut expéditionnaire dans la direction des contributions directes de la Gironde.

Il vint à Paris en 1841... Il s'y occupa d'abord du placement des vins. Vers 1844, il laissa cette occupation pour entrer à la Bourse, où il fit la négociation des promesses d'actions.

C'est de 1845 que datent les commencements de sa position financière. On le trouve à cette époque *intermédiaire* chez M. Victor Michel, agent de change. Il y resta jusqu'en 1848. Désormais sa vie était vouée aux spéculations financières. Il acheta dans ce temps, avec M. Millaud, le *Journal des chemins de fer*. Ils trouvèrent chez les abonnés de ce journal une clientèle dont la faveur constante a porté M. Mirès à la haute position financière d'où il est descendu aujourd'hui pour comparaître devant la Justice.

M. Mirès, parlant de sa famille, dit :

« Mon père, en mourant, laissa sans fortune trois filles qui, depuis cette époque, n'ont eu d'autre appui que moi. Quoique je n'aie aucune raison pour ne pas parler de ma famille qui a toujours été honorablement connue à Bordeaux, je me borne à retracer ici ce qui a rapport à mon existence personnelle, uniquement pour combattre les mensonges acrédités; car je ne me crois pas un personnage assez important pour occuper l'attention de ce qui me touche directement, et je n'ai la volonté ni l'intention d'écrire des Mémoires. Je ne veux que rectifier les mille et une faussetés répandues contre moi et dire la vérité sur ma carrière financière. On me rendra cette justice que je n'ai pas choisi la circonstance pour occuper l'opinion de ma vie et de ma personne.

Disons maintenant quelques mots de l'origine de ce procès.

C'est l'un des membres du conseil de surveillance, M. de Pontalba, qui a porté une plainte contre le gérant de la Caisse des chemins de fer.

M. Mirès raconte ainsi cette circonstance :

Le 9 novembre 1860, M. le comte Siméon, président du conseil de surveillance de la Caisse générale des chemins de fer reçut la visite de M. de Pontalba, qui lui déclara, à peu près en ces termes : « Que n'ayant pu se mettre d'accord avec M. Mirès sur des questions d'intérêt, il avait pris le parti de l'actionner devant le tribunal civil et déposer contre lui au ministère de la justice, une plainte sur des faits d'irrégularité dans la gestion de son établissement financier. »

Les réclamations de M. de Pontalba ont pour point de départ :

1° Le voyage qu'il fit à Marseille en 1858, pour la Société des ports dont il était administrateur;

2° Le concours qu'il a donné à la Société des chemins de fer romains, dont il était l'administrateur délégué à Rome.

Pour la première mission, M. de Pontalba réclamait 500,000 fr. d'honoraires.

Pour la seconde, 1,200,000 fr. non compris ses dépenses montant à 250,000 fr. dans un espace de vingt mois.

Après bien des pourparlers, M. Mirè , gérant de la Caisse, fit des difficultés pour satisfaire à cette demande de M. de Pontalba.

Une transaction eut lieu cependant entre les deux parties dissidentes.

Voici en quels termes elle fut rédigée :

Entre les soussignés :

« MM. J. Mirès et F. Solar, banquiers, demeurant à Paris, agissant pour leur compte personnel et en qualité de gérants de la Caisse générale des chemins de fer, représentée par M. J. Mirès seul, comme ayant charge et pouvoirs, ainsi qu'il le déclare, et se portant fort d'ailleurs, en tant que de besoin, pour la Caisse générale des chemins de fer et pour M. Solar, d'une part;

« Et M. le baron de Pontalba, demeurant à Paris, d'autre part;

« A été dit et fait ce qui suit :

« Dans le courant de l'année 1858, divers embarras ayant surgi au sujet de l'affaire des chemins de fer Romains entreprise par la Caisse générale des chemins de fer, M. de Pontalba reçut la mission d'aller à Rome pour protéger les intérêts de la Caisse des chemins de fer et dans le but *surtout* d'obtenir du pouvoir souverain, du Saint-Père *la résiliation des engage-*

ments pris vis-à-vis de son gouvernement par MM. Mirès et Solar comme gérants.

« Ces derniers, à titre de rémunération des soins de M. de Pontalba *et du succès* de la négociation, lui promirent une libération entière des sommes par lui dues à la Caisse.

« Depuis le retour de M. de Pontalba, un débat s'est élevé au sujet de sa mission et de la rémunération par lui réclamée.

« Antérieurement, une autre mission avait été confiée à M. de Pontalba. Il avait été chargé de surveiller, à Marseille, les intérêts engagés dans la Société des Ports de Marseille. De ce chef, M. de Pontalba réclame comme lui ayant été promise, une indemnité de 500,000 francs.

« Des difficultés se sont élevées entre les parties, au sujet de ce double règlement ; une instance civile a été entamée par M. de Pontalba ; elle a donné lieu à la transaction suivante :

« MM. Mirès et Solar, faisant droit aux réclamations de M. de Pontalba, lui donnent par les présentes quittance pleine et entière :

» 1° De la dette hypothécaire résultant de l'obligation passée devant Me Gossart, notaire à Paris, les 21 et 23 janvier 1858, en principal et accessoires ;

» 2° De la somme de   fr., due par M. de Pontalba en compte-courant, en sus de la dette hypothécaire, et des dépenses faites à Rome pour le compte de la Société des chemins romains, dépenses qui ne sont pas à la charge de M. de Pontalba.

De plus, MM. Mirès et Solar ont, à l'instant, payé à M. de Pontalba une somme de 200,000 fr. pour leur compte et à leur charge personnels, à titre de rémunération, pour des soins donnés à l'affaire des ports de Marseille.

Au moyen de la présente transaction, tous comptes se trouvent complétement réglés entre les parties, qui reconnaissent respectivement n'avoir plus à exercer aucune réclamation pour quelque cause que ce soit.

MM. Mirès et Solar garantissent personnellement M. de Pontalba de tout recours de la part de qui que ce soit.

Fait double à Paris, le   décembre 1860.

Signé : C. DE PONTALBA et J. MIRÈS.

Ah ! dit Mirès, si j'avais pu prévoir que cette sécurité, si chèrement achetée, n'était qu'illusoire, si j'avais pu penser que cette transaction allait être au contraire le point de départ de malheurs si grands ; mieux eût valu cent fois suivre ma première pensée et suspendre immédiatement mes affaires !...

Ainsi que je l'ai déjà dit, continue-t-il, la dénonciation de M. de Pontalba avait produit une certaine émotion ; l'esprit public grossissait et multipliait encore le caractère des faits dénoncés par M. de Pontalba ; et les journaux étrangers, échos de ces bruits, attribuèrent à mon influence, comme propriétaire des journaux, l'inaction de la justice. Comme contre-poids à ce courant de l'opinion, la magistrature, fière de ses priviléges, soutenait hautement que les poursuites n'étaient que suspendues. Et, en effet, le 24 décembre, un mandat avait été lancé.

Le 13 février, M. le juge d'instruction reprit les poursuites ; les 15 et 16 février on saisit mes livres, le 17 je fus arrêté et conduit à la prison Mazas.

Voilà donc M. Mirès sous la main de la justice dont l'action ne pouvait plus désormais s'arrêter. L'instruction menée avec fermeté et célérité par M. le juge Daniel ne put terminer ses travaux que dans es premiers jours de juin. Des nuées d'expéditionnaires passèrent les nuits à recopier et mettre en ordre les innombrables et volumineux dossiers dont la connaissance était indispensable aux défenseurs chargés des intérêts multiples engagés dans l'affaire.

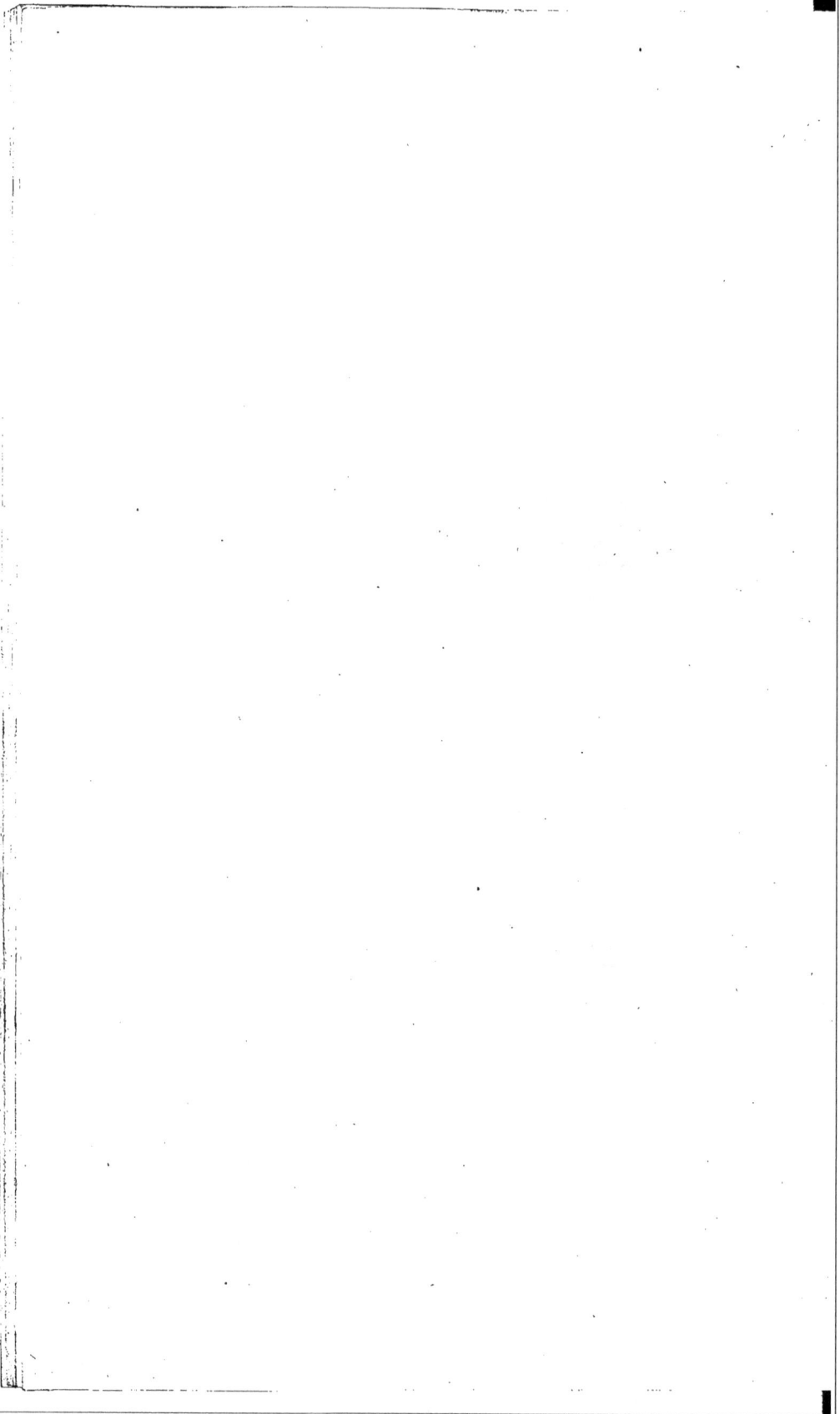

TRIBUNAL CORRECTIONNEL DE LA SEINE

6ᵉ CHAMBRE

PRÉSIDENCE DE M. MASSÉ

AFFAIRE MIRÈS ET SOLAR. — PRÉVENTION D'ESCROQUERIE, D'ABUS DE CONFIANCE, D'INFRACTION A LA LOI DE 1856 SUR LES SOCIÉTÉS EN COMMANDITE.

AUDIENCE DU 6 JUIN.

La première audience fut indiquée pour le jeudi 6 juin, devant la 6ᵉ chambre correctionnelle, présidée par M. Massé.

En voici le compte-rendu :

Une foule énorme se pressait aux abords de la 6ᵉ chambre, pour assister aux débats de cette affaire.

On savait cependant qu'elle devait être remise, à la demande de l'un des défenseurs, Mᵉ Mathieu, qui la motivait sur ce qu'il n'avait pu prendre communication des pièces qui ont servi à l'expert Monginot, pour dresser son rapport et dont la connaissance lui est indispensable.

La garde introduit le prévenu.

Un vif mouvement de curiosité se manifeste à cet instant sur tous les points de la salle.

M. Mirès est un homme de petite taille. Sa figure est d'un ovale allongé. Son front est élevé ; ses cheveux noirs et brillants ; ses favoris grisonnants. Il a des traits fins et réguliers ; ses lèvres serrées, son nez un peu long dont les ailes se contractent, décèlent l'agitation de son âme : il est vêtu d'un habit noir dont la boutonnière est ornée du ruban de la Légion d'honneur.

Il a toujours cette physionomie mobile et expressive qui, chez lui, est si caractéristique. Ceux qui le connaissent et qui ne l'ont point vu depuis le mois de février, époque de son arrestation, constatent que ces trois mois de prison l'ont bien vieilli. Son visage a perdu l'éclat qui l'animait ; mais il est loin d'être abattu. Il paraît au contraire plein d'ardeur pour se défendre.

Il déclare se nommer Jules-Isaac Mirès, âgé de cinquante et un ans, banquier, demeurant à Paris, rue Neuve-des-Mathurins, n° 39.

L'huissier appelle le second prévenu, Solar, Félix, ancien banquier, ayant demeuré en dernier lieu à Paris, rue Saint-Lazare, n° 71.

Ce prévenu ne répondant pas, défaut est donné contre lui.

MM. Mirès (Jules-Isaac), cinquante et un ans, banquier, détenu à Mazas ; Solar (Félix), cinquante ans, ancien banquier, ayant demeuré rue Saint-Lazare, 71 (actuellement en fuite), sont prévenus :

1° De s'être, en avril et mai 1859, en employant des manœuvres frauduleuses pour faire naître la crainte d'un événement chimérique, fait remettre des sommes d'argent par un certain nombre de clients de la Caisse générale des chemins de fer, et notamment de s'être fait remettre 9.567 fr. par Ducros ; 9.826 fr. par Damer ; 4.883 fr. par Martin ; 8.089 fr. par Pinaud ; 2.879 fr. par Tersouly ; des quittances, décharges et arrêtés de comptes opérant obligations par le vicomte d'Aure, Courtois, veuve Desprez, Delhaye, Petitjean et autres, et d'avoir ainsi escroqué tout ou partie de la fortune d'autrui ;

2° D'avoir, à la même époque, dans les mêmes circonstances, à l'aide des mêmes manœuvres frauduleuses, pour faire naître la crainte d'un événement chimérique, tenté de se faire remettre des fonds, quittances ou décharges par MM. Beauvais, Dreyfus, Debray, Lefort, Dethierry et autres, et d'avoir tenté d'escroquer tout ou partie de la fortune d'autrui ;

3° D'avoir dissipé et détourné, en 1857 et 1858, au préjudice de la Caisse générale des chemins de fer et d'un certain nombre de clients de cette Société, des titres d'actions de ladite Caisse, qui leur en avaient été remis qu'à titre de dépôts, de mandats, et à la charge de les rendre ou d'en faire un usage ou un emploi déterminé ;

4° D'avoir, en 1860, détourné au préjudice des actionnaires de la Compagnie des chemins de fer de Sarragosse à Pampelune, une somme de

9,151,750 fr. qui ne leur avait été remise qu'à titre de mandat, à la charge d'en faire un usage et un emploi déterminés ;

5° D'avoir, à la même époque, détourné et dissipé des deniers qui ne leur avaient été remis qu'à titre de mandats, à la charge d'en faire un emploi déterminé et de les rendre et représenter, et ce au préjudice de souscripteurs d'obligations du chemin de fer de Pampelune, notamment des sieurs Courtier, Flamerant, Blanchet, Lévis, Gromard, Rozier, Legendre, Judet, Hervieux ;

6° D'avoir, depuis moins de trois ans, détourné et dissipé des actions et obligations et autres titres et valeurs qui ne leur avaient été remis qu'à titre de dépôt et de mandat, à la charge de les rendre et de les représenter, et ce au préjudice d'un certain nombre de clients de la Caisse générale des chemins de fer, notamment de la demoiselle Andry, de la demoiselle Grandjean, de la demoiselle Delaloge, de la veuve Bertrand et du sieur Ballier ;

7° D'avoir, depuis moins de trois ans, étant gérants de la Société en commandite par actions, ayant pour raison sociale : J. Mirès et Cᵉ, et connue sous la dénomination de *Caisse générale des chemins de fer*, opéré, au moyen d'inventaires frauduleux, la répartition, entre les actionnaires, de dividendes, non réellement acquis à ladite Société.

MM. le comte Siméon, sénateur, demeurant quai d'Orsay, 23 ; le comte de Poret, rue d'Anjou-Saint-Honoré, 4 ; le baron de Pontalba, rue Saint-Georges 38, et le comte de Chassepot, hôtel Choiseul, rue Saint-Honoré,

Sont cités comme civilement responsables pour avoir, étant membres du conseil de surveillance de la Société de la Caisse générale des chemins de fer, consenti, en connaissance de cause à la distribution de dividendes non justifiés par des inventaires sincères et réguliers ;

Et sciemment laissé commettre dans les inventaires des inexactitudes graves et préjudiciables à la Société ou aux tiers.

Mᵉ Plocque est assis au banc de la défense à côté de Mᵉ Mathieu.

MM. le baron de Pontalba, comte Poret, vicomte Siméon et comte de Chassepot, cités comme civilement responsables, seront assistés : M. de Pontalba, de Mᵉ Sénard ; le comte Siméon, de Mᵉ Léon Duval ; le comte Poret, de Mᵉ Dufaure, et M. de Chassepot de Mᵉ Marie.

M. l'avocat impérial Sénart occupe le siége du ministère public.

Mᵉ Mathieu, défenseur de M. Mirès, se lève et pose des conclusions tendant à ce que le tribunal ordonne les mesures convenables pour que le prévenu ait la libre disposition de toutes les pièces et écritures commerciales qui ont servi de base au rapport de l'expert Monginot, et qu'il lui soit notamment donné communication de tous les états de comptes débiteurs depuis 1852, et aussi pour que M. Mirès puisse communiquer librement avec les personnes.

M. l'avocat impérial réplique que toutes les pièces demandées seront communiquées par le ministère public ainsi que cela a lieu habituellement. Toutes les pièces appartiennent à la défense et seront mises avec empressement à sa disposition. Quant à la communication du prévenu avec les personnes, son défenseur et sa famille seront seuls, ainsi que l'autorisent les règlements, admis à le voir ; il n'y a de privilège pour personne.

M. l'avocat impérial ajoute qu'au reste, il était dans son intention de demander une remise et de prier le tribunal de fixer le jour des débats d'après la convenance du prévenu et de son défenseur.

M. le président. — Quel délai demandez-vous, Mᵉ Mathieu ?

Mᵉ Mathieu. — Je demande plus qu'un délai ; je demande le temps nécessaire pour examiner toutes les écritures commerciales qui ont servi de base au rapport de l'expert. C'est aussi là que la défense doit trouver la plus grande partie de ses éléments.

M. Mirès se lève à ce moment et demande à adresser seulement quelques paroles au tribunal.

Il se plaint de la rigueur de sa détention et des précautions humiliantes prises à son égard. Il dit qu'il n'a pu communiquer avec aucune personne de sa famille sans l'assistance d'un surveillant.

M. le président. — Je ne puis vous laisser continuer ainsi. Vous subissez la loi commune. L'audience est suspendue.

Le tribunal se retire pour en délibérer.

Il rapporte, quelques instants après, le jugement suivant :

Le tribunal,

Attendu, quant à la communication des pièces de l'instruction, qu'elle est réglée par la loi ;

Quant aux communications des autres pièces, que le tribunal n'a rien à ordonner ; que, d'ailleurs, aucune communication n'a encore été demandée ni refusée, et que le ministère public déclare être prêt à faire toutes les communications qui seront demandées ;

Quant aux modes de communication ou de copies de pièces, que ce ne sont que des mesures d'exécution dans lesquelles le tribunal ne peut s'immiscer ;

Quant aux communications personnelles avec des tiers, que les mesures à prendre ou à ordonner ne sont pas de la compétence du tribunal ;

Dit qu'il n'y a lieu à statuer sur les conclusions déposées par Mirès.

M. Mirès veut reprendre la parole et demande un délai de trois semaines.

M. le président prononce la remise de l'affaire à quinzaine.

AUDIENCE DU 20 JUIN.

Encore une audience en quelque sorte préparatoire aux débats de cette affaire, dont l'instruction, quoique poussée avec activité, n'aura pas duré moins de quatre mois.

C'est maintenant la défense qui tient en suspend la balance de la justice. Elle demande un nouveau délai pour préparer ses dernières armes.

Quoique l'on connût dans le public ces dispositions de la défense, une foule énorme n'en assiégeait pas moins les portes de la 6ᵉ chambre devant lesquelles cinq sergents de ville, un officier de police et un garde du palais se tenaient pour contenir le flot des curieux dont bien peu, d'ailleurs, ont pu pénétrer dans la salle.

A midi moins un quart, la cause est appelée.

Mirès est déjà sur les bancs des prévenus. Il est seul. Deux agents du service de sûreté, vêtus très-convenablement, remplacent à ses côtés les gardes de Paris, habituellement postés pour ce service.

Le prévenu a la physionomie moins inquiète et empreinte de moins d'agitation qu'à l'audience où il a précédemment comparu. On voit qu'il a repris un peu de sérénité et qu'il commence à se familiariser avec cette terrible position de l'homme qui va disputer sa liberté, sa fortune, son honneur, à ceux qui viennent, au nom de la société, lui demander compte de ses actes.

Mirès s'entretient, avant l'ouverture des débats, avec plusieurs personnes qui se pressent autour de lui.

Enfin un silence profond s'établit dans la salle, et l'un des avocats placés au banc de la défense se lève. C'est Mᵉ Marie, défenseur de l'un des membres du conseil de surveillance, M. de Chassepot, déclaré civilement responsable.

Messieurs, dit Mᵉ Marie, mon confrère, Mᵉ Mathieu, défenseur du prévenu Mirès, est en ce moment retenu par une affaire à la quatrième Chambre de la Cour. En son absence et au nom de la défense en général, je viens demander au Tribunal une nouvelle remise de l'affaire à huitaine. On nous a, il est vrai, accordé un premier délai, mais les dossiers que nous avons à compulser sont volumineux, le travail est long, et nous devons avouer au Tribunal que, sur plusieurs points, nos études sont incomplètes.

M. Mirès se lève à ce moment.

— Je demande, dit-il, à présenter une observation très-courte

M. le président. — Dites ce que vous voulez nous dire.

M. Mirès. — Voici, M. le président. J'ai demandé, il y a quinze jours, que, conformément aux promesses qui m'avaient été faites ici par le Ministère public, on me permit de me transporter dans mes bureaux, afin d'y travailler. On a accédé à ma demande, et on m'a laissé me rendre chez moi et dans mes bureaux, mais on ne m'a pas laissé seul, et j'ai été accompagné par le chef du service de sûreté et deux de ses agents. Or, on voulait m'imposer l'obligation de travailler et de conférer avec mes avocats en présence de ces agents. Je le déclare, la vue de ces hommes m'importunait, et je ne pouvais être maître de mon esprit, et tout travail m'était devenu impossible. J'ai donc demandé à être réintégré à Mazas.

Au bout de huit jours cependant, après bien des pourparlers, on a consenti à me laisser seul dans mon cabinet, pourvu qu'il y eût avec moi un avocat dont la robe et la qualité me couvriraient. Ce n'est qu'à partir de ce moment que nous avons pu apporter une attention sérieuse et soutenue à mes affaires.

M. le président. Mais enfin, vous avez obtenu ce que vous vouliez. On vous a laissé prendre complétement toutes les communications que vous demandiez.

Le prévenu. — Après une perte de temps de huit jours, monsieur le président, et encore ne m'a-t-on pas laissé communiquer avec mon ancien gérant et les membres du conseil de surveillance. On me l'avait promis, cependant.

M. le substitut Sénart. — Il serait temps d'en finir avec la personnalité de M. Mirès. Elle soulève continuellement des incidents qui n'ont d'autre effet que d'occuper le public de lui-même. Nous ne nous sommes pas opposé à ce qu'il rendît dans ses bureaux. Voici ce s'est passé. M. Mirès a été accompagné rue Richelieu par les agents du service de sûreté. Arrivé dans ses bureaux, il a émis la prétention de les faire sortir et de se soustraire ainsi à leur surveillance. Ces hommes avaient leurs ordres ; ils ne pouvaient les enfreindre et encourir un blâme de leurs chefs. Ils ont refusé de s'en aller. Mirès s'est emporté, et a dit que, puisqu'il en était ainsi, il préférait ne pas travailler et être ramené à Mazas.

On l'a reconduit en prison. Depuis, les avocats sont venus nous trouver et nous ont dit : «Vous suffit-il que l'un de nous soit avec lui. » Nous avons accepté cette transaction, et, en conséquence, Mirès a pu travailler librement avec ses avocats.

Mᵉ Marie. — Je demande la parole.

M. le président. — Parlez.

Mᵉ Marie. — Je veux dire au Tribunal que je n'entends en rien être le délégué de M le préfet de police pour veiller à la garde d'un prisonnier. Un avocat a sa dignité à sauvegarder.

M. l'avocat impérial. — Nous comprenons cette délicatesse. Vous n'êtes pas le délégué de M. le préfet de police. C'est au contraire, celui-ci qui veut bien voir, dans votre robe et votre qualité une garantie suffisante pour se fier au prisonnier dont il est responsable.

Mʳ Marie. — Comme cela, c'est très-bien.

R. le président. — Laissons cet incident qui n'a pas d'importance. Huissiers, faites l'appel des témoins.

Un huissier procède à l'appel.

Voici les noms de ces témoins :

MM. Barbet Devaux, propriétaire, ancien caissier;

Monginot, expert;

Vanbynsbeck, ex-employé supérieur de la Banque;

Richardière, expert au tribunal civil;

Félix Roger, caissier;

Bordeaux, ancien agrégé;

Bernard Halbronn, ancien gérant de la Caisse des chemins de fer;

Malaheur, rentier;

Besse, caissier;

Alyon, rentier;

Levesque, avoué;

Bornand, garçon de magasin:

Beauvais, propriétaire;

Courtois, rentier;

veuve Desprez;

Deisc, propriétaire;

Drouet, employé;

Danner, colonel en retraite;

Delhaye, rentier;

Fégler, marchand de literie;

Gaillard, archiviste de la Compagnie de l'Est;

Gaudefroy;

Lefort, employé en retraite;

L'Homme, employé au ministère de la justice;

Mangeon, employé;

Desmartres, employé;

Petitjean, cocher;

Sinet, négociant;

Rabasse, gérant de l'Entr'acte;

Berlin, huissier;

Thierry, courrier de cabinet;

Tersouly, propriétaire;

Veuve Bertrand, propriétaire;

Versey, receveur de l'enregistrement;

Gaidaz, tailleur;

Ballet, employé;

demoiselle Grandjean, rentière;

le baron de Latapie de Ligonie;

Flammermont, menuisier;

Thibaut, négociant;

Lourtier;

Letertre, épicier;

Séguin, marbrier;

Grommard, banquier;

Belon, banquier;

Vicomte d'Aure;

Lataix, avoué;

Pize;

Peuchot:

Méquillet;

Luquin;

Mancause.

M. le président. — Ces témoins se représenteront à huitaine sans nouvelle citation.

Plusieurs autres témoins à décharge seront entendus sur la requête du prévenu.

AUDIENCE DU 27 JUIN.

Voici venu enfin le jour où vont être abordés les faits de la prévention qui pèse sur M. Mirès.

Nous avons rendu compte des deux audiences préliminaires à la suite desquelles des délais ont été accordés à la défense, pour qu'elle pût avoir toutes ses armes préparées.

Dès 10 heures, une escouade de sergents de ville, commandée par un officier de paix, prend les dispositions nécessaires pour veiller aux portes de la 6ᵉ chambre envahies par une foule nombreuse.

A onze heures et demie commence l'appel des témoins.

En attendant l'arrivée du prévenu et des membres du tribunal, on s'entretient avec animation dans l'enceinte du tribunal. On se passe de main en main le volume intitulé : A mes juges. — Ma vie et mes affaires, par J. Mirès. C'est l'apologie de la vie de l'inculpé. Elle commence ainsi : « Messieurs, la dernière phase de la réaction qui depuis si longtemps me poursuit, vient de se produire. Elle est soumise à vos arrêts et vous allez en prononcer le dernier mot. » L'ouvrage a 274 pages et passe en revue la vie entière de J. Mirès.

Nous y remarquons entre autres choses que M. Mirès se défend d'avoir vendu dans sa jeunesse, à Bordeaux, les portières des voitures; imputation d'ailleurs assez ridicule.

A midi, un coup de sonnette retentit. Le prévenu est introduit. Comme aux précédentes audiences, il est en habit noir et porte le ruban de la Légion d'honneur; sa physionomie exprime une certaine appréhension; il est un peu pâle. Deux agents, vêtus de noir, l'accompagnent.

Le tribunal fait son entrée. M. le président fait appeler plusieurs autres affaires qui sont remises à huitaine.

Défaut contre Solar.

On appelle deux témoins MM. de Pontalba et de Chassepot.

M. le président énumère de nouveau à M. Mirès les charges qui pèsent sur lui

M. Mirès écoute l'exposé qui lui est lu avec la plus grande attention.

Le prévenu. — Je ne demande qu'à dire une seule syllabe, un seul mot; il n'y a pas un des faits de la prévention dans lesquels je sois personnellement intéressé.

M. Mirès veut dire par là qu'il n'a été qu'un simple intermédiaire entre des clients et les actionnaires.

M. le président. — Nous allons entendre les témoins sur les faits dont je viens de donner lecture.

1er témoin, Monginot, expert. — M. Mirès a fait des opérations de diverse nature. Nous avons examiné les inventaires qui étaient complets; mais les éléments constitutifs de ces inventaires nous ont parfois fait défaut.

Voici les principales de ces opérations :

Le *Journal des chemins de fer*.

Le journal le *Pays* et le *Constitutionnel*;

Mines et houillères de Portes et Sénéchas;

Hauts fourneaux et fonderies de Saint-Louis (banlieue de Marseille);

Privilége pour l'éclairage au gaz de Marseille;

Acquisition de terrains à Marseille;

Caisse générale des chemins de fer;

Chemins de fer romains;

Chemin de Pampelune à Saragosse;

Emprunt ottoman, etc.

Pendant la déposition de M. l'expert, la physionomie de M. Mirès, si mobile d'ordinaire, prend une expression d'attention sérieuse. Ses yeux se portent sur le Tribunal, sur son avocat, sur l'auditoire, lorsqu'ils se détachent des livres du témoin. De temps en temps, il appuie sa tête dans ses mains.

M. Monginot résume ainsi ces faits :

Vers 1849, M. Mirès acheta le *Journal des chemins de fer* qui devint l'un des organes les plus accrédités du monde financier. — Il trouva dans ses abonnés une clientèle dont il prit en main les intérêts. Il créa alors sous le nom de Caisse des actions réunies, une agence dont il se fit le directeur et qui avait un double caractère, celui d'une société en participation faisant fructifier en opérations de Bourse, au profit commun les sommes qui lui étaient versées, et répartissant les bénéfices, au prorata du capital fourni par chaque participant et celui d'une maison de courtage pour les négociations particulières qui lui étaient confiées.

Cette combinaison dans laquelle le journal et l'agence se servaient mutuellement d'appui eut un succès éclatant. La fortune et la situation du directeur s'en accrurent rapidement, et bientôt Mirès put songer à donner à son établissement de plus grands développements et à en faire une véritable institution financière

Par acte du 15 juin 1853, fut fondée une société en commandite par actions sous le titre de *Caisse et Journal des chemins de fer*. Mirès y faisait l'apport au prix d'un million de son journal et de sa clientèle de banque. Elle avait pour objet, indépendamment de la publication de ce journal les négociations sur les ventes industrielles et financières, la soumission de tous emprunts et entreprises de travaux publics, les avances en compte-

courant et sur dépôt de garantie, et en un mot toutes les opérations de banque. Le fonds social était fixé à 12 millions de fr. représentés par 24 mille actions de 500 fr. chacune. Un sieur Blosse en fut d'abord nommé gérant; mais presque immédiatement, il fut remplacé par Mirès. Celui-ci s'adjoignit Solar comme cogérant; la raison sociale devint J. Mirès et Comp. et la société fonctionna sous leur direction commune.

Mais les entreprises auxquelles elle se livra absorbèrent bientôt et dépassèrent même les forces sociales. Il devint nécessaire de les augmenter. Mirès et Solar le comprirent; ils se firent autoriser par l'assemblée des actionnaires à modifier la société; par acte du 26 mai 1856, elle prit le titre de *Caisse générale des chemins de fer* et conservant les mêmes objet, les mêmes gérants et sous la même raison sociale J. Mirès et Comp., elle éleva son capital social à 50 millions de fr. divisé en 100 mille actions de 500 fr.

Constituée sur cette large base, elle put aborder les affaires les plus considérables.

Le 22 novembre 1855, continue M. Monginot, Mirès a obtenu la concession de l'éclairage au gaz de la ville de Marseille. En mai 1856, le capital était fixé à 7,200,000 fr., divisé en 24,000 actions de 300 fr. chacune.

La souscription fut ouverte le 17 mai pour être close le 24. 100 fr. étaient payables en souscrivant et 200 fr. au moment de la répartition.

Elle eut un plein succès, et la Caisse des chemins de fer ne reçut pas moins de 23,360,000 fr.

Le 23 janvier 1856, est intervenu entre M. Honnorat, maire de Marseille, et Mirès, un traité par lequel celui-ci achetait à la ville de Marseille les terrains de l'ancien Lazaret, et ceux conquis et à conquérir sur la mer, d'une étendue évaluée à quatre millions de mètres, au prix de 50 fr. le mètre, soit 20,000,000. Cette somme était payable, pour partie, en travaux à exécuter, dont la nature et le chiffre étaient déterminés, et, pour le surplus, en sommes à acquitter à mesure de la livraison des terrains.

Sur les premières opérations, il n'y a pas lieu d'incriminer. Elles ont seulement été rappelées que pour mémoire par l'expert.

Il y a quelques interruptions sur des points ou des chiffres avancés par M. Monginot.

Entre autres, M. Mirès dit qu'il avait cru que chaque fait serait discuté séparement, afin qu'ils fussent plus précis dans l'esprit du Tribunal.

M. le président lui démontre l'impossibilité de procéder ainsi aux débats qui seraient interminables.

M. le président. — Venons maintenant à la série des faits incriminés. — M. Monginot, dans la vérification des écritures à laquelle vous vous êtes livré, vous avez constaté qu'un certain nombre de titres, actions de chemins de fer, des ports de Marseille, de l'usine de Portes et Sénéchas, etc., avaient été détournés. Pouvez-vous nous en dire la quantité?

M. Monginot. — Elle s'élève à 21,247 titres.

D. Par qui ont-ils été détournés?

R. Il y en a eu environ 12,000 par M. Mirès et 8,000 par son cogérant, M. Solar.

Me Mathieu. — Je demande à présenter une observation. La voici. Lorsque M. Mirès prenait ainsi. des titres dans la caisse, ne remettait-il pas en échange à son caissier, M. Roger, des reçus explicatifs. M. l'expert a dû retrouver ces reçus dans la comptabilité du caissier.

L'expert. — Sans doute.

M. Mirès. — L'explication à donner au sujet de ces prétendus détournements est très-simple. Il était de mon devoir de veiller aux intérêts de mes actionnaires, de faire fructifier leur propriété. Ayant besoin de sommes considérables pour opérer à la Bourse diverses transactions, je vendais ces actions. Or, si j'avais mis mon personnel dans la confidence de cette vente, son indiscrétion probable aurait eu pour effet infaillible de faire baisser les actions, ce qui eût été préjudiciable aux intérêts de mes commettants. Je les ai donc écoulées seul, dans le plus grand secret, et plus de dix mille titres ont été ainsi vendus avantageusement.

M. le président. — Ceci explique dans quel but vous avez pris les actions, mais ne vous absout pas d'avoir disposé de dépôts que vous pouviez vous redemander et que vous auriez été dans l'impossibilité de représenter à la première réquisition.

Me Mathieu. — Il y a une observation à présenter ici; c'est que les porteurs d'actions étaient les débiteurs de la caisse pour le complément du versement de l'intégralité du prix des actions, tandis que la caisse était leur débitrice pour les sommes déjà versées. Ils étaient donc vis-à-vis l'un de l'autre en compte-courant.

M. l'avocat impérial. — Nous ne pouvons admettre cette explication que pour une partie des titres. Il y en a eu d'autres qui étaient de véritables dépôts et qui ont été vendus comme les autres. Le résultat de cette vente s'est traduit par une différence de 1,336,000 fr. au profit de Mirès.

M. Mirès. — De la Caisse des chemins de fer.

M. le président. — L'expert nous dira comment a été effectuée cette vente.

M. Monginot, expert. — Une partie des titres a été vendue réellement le 30 avril 1859.

M. le président. — N'avez-vous pas aussi constaté qu'une autre partie avait fait l'objet d'une vente simulée?

L'expert. — Oui monsieur le président. Au commencement du mois de mai, on a simulé une vente, tandis que les titres n'étaient plus dans la caisse.

M. Mirès. — Je dois dire au tribunal que sur 333 clients, plusieurs ont été réintégrés dans leurs titres avant le mois de décembre 1860.

M. l'avocat Impérial. — Oui, mais les poursuites étaient déjà commencées.

M. Mirès. — Tous auraient été réintégrés, car les ordres avaient été donnés par moi de racheter des titres, mais mon arrestation a empêché cette opération.

M. Monginot reprend sa déposition et vient aux faits qui se rapportent à la Société des chemins de fer Romains.

Le 4 août 1856, Mirès au nom de la Caisse générale, fondait une société anonyme pour la construction des chemins de fer romains, au capital de 175,000,000 composé de 85 millions en 170,000 actions de 500 fr. et 90 millions en 360,000 obligations au cours d'émission de 250 fr.

La souscription fut ouverte dans les bureaux de la Caisse, en mars 1859; le premier versement était de 150 fr. par action; la demande s'éleva à 325 millions.

Le reproche que l'on adresse à M. Mirès, à cette occasion, consiste en ce qu'il se serait attribué, à l'avance et avant la réalisation des bénéfices à venir, une somme de 8,500,000 fr.

M. Mirès. — Voici ce que j'ai à répondre à ce reproche. Je suis marchand d'actions, comme un autre est marchand de sucre, d'huile ou d'autres produits. Pour moi les actions sont des marchandises. Je les achète en bloc, en grande quantité, *en gros* pour les revendre en détail avec bénéfice. J'ai donc acheté *toutes* les actions du chemin de fer romain. En échange, je contractais l'obligation de construire, à mes frais et risques, ce chemin de fer. Dans cette affaire, j'ai eu ma commission, qui s'est élevée à 32 millions. Sur ces 32 millions je n'en ai pris que huit. J'aurais pu en prendre davantage.

M. le président. — Mais ces bénéfices n'étaient pas acquis.

Me Mathieu. — Il ne s'agit pas d'un bénéfice, mais d'une commission. J'essayerai, par une analogie, de faire comprendre au tribunal comment M. Mirès pouvait prélever cette somme. Lorsqu'un banquier escompte un billet, il prélève son escompte et le porte à son crédit. Qu'il arrive ensuite que les signataires du billet ne le remboursent pas, le banquier peut se trouver obligé de le faire, mais il n'en a pas moins *gagné* sa commission.

M. Mirès. — Ce sont là des opérations

financières ; si je me trouvais devant une réunion de banquiers, ils concevraient parfaitement que cette opération est à l'abri de reproches.

M. l'avocat impérial. — l est dificile de concevoir?ce que l'onprélèv ainsi des bénéfices avant qu une operanon soit même effectuée. On concevrait tout au plus que M. Mirès se fût attribué cette somme, alors que toutes les actions auraient été placées, mais il n'y en avait pas une seule. M. Mirès aurait pu ne pas en placer du tout.

Vient ensuite l'affaire des chemins de fer Espagnols. Les quatre cinquièmes des bénéfices ont été attribués à la Caisse.

La Société des chemins de fer Espagnols avait à construire le tracé de la voie ferrée de Pampelune à Sarragosse. Le sieur de Salamanca, capitaliste espagnol, était concessionnaire de cette entreprise. Il avait construit le chemin en partie, lorsqu'au mois d'octobre 1859, furent dressés entre lui et la Caisse générale des chemins de fer, représentée par Mirès, les statuts d'une société anonyme pour l'achèvement dudit chemin et sa mise en exploitation. Le tracé était provisoirement fixé à une longueur de 187 kilomètres 500 mètres. Le prix alloué pour la construction était à raison d'une somme de 200 mille fr. par kilomètre. Le capital nécessaire à l'achèvement de cette entreprise était de 37 millions 500 mille fr. Les deux contractants le portèrent d'un commun accord à 40 millions. Les 2 millions 500 mille fr. ajoutés furent considérés comme intérêts du capital qui fut divisé en 55 mille actions, représentant une valeur de 27 millions 500 mille fr., dont 11 mille à M. de Salamanca et 44 mille à la Caisse générale des chemins de fer. Les 10 millions restants étaient représentés par 50 mille obligations de 250 fr. chacune.

Mais le chemin fut réduit de 22 kilomètres par le gouvernement espagnol. M. de Salamanca prit alors avec Mirès un engagement secret par lequel le premier ne devait consacrer à la construction du chemin que 145 mille fr. par kilomètre. Cette convention réduisait le capital à 29 millions environ.

La souscription fut ouverte au siége de la Société de la Caisse générale des chemins de fer, rue de Richelieu, 99, le 27 mars 1860. Malgré la réduction du capital les gérants faisaient appel à un capital de 40 millions.

Les actionnaires devinrent donc acquéreurs au prix de 40 millions de ce chemin qui n'en avait coûté que 29. Il y eut un bénéfice de 11 millions que d'après la prévention Mirès aurait retenu illicitement.

Quant aux obligations, il en fut demandé un nombre de 56,312. Il ne devait en être émis que 50 mille, représentant un capital de 12 millions 500 mille fr.; les sommes versées par eux s'élevèrent à 15 millions 78 mille fr., soit un excédant de 2 millions 578 mille fr. L'époque de la libération avait été indiquée pour le mois d'octobre. Un grand nombre de propriétaires de ces titres se présentèrent au siége de la Société pour retirer leurs obligations franches de tout appel nouveau. Au lieu de leur remettre des titres définitifs, on ne leur en remit que des provisoires, en leur disant qu'on leur écrirait prochainement pour régulariser leur situation.

Au bout d'un certain temps cependant, plusieurs de ces porteurs d'obligations ne recevant pas de lettre de la Société se présentèrent dans les bureaux et réclamèrent instamment leurs titres. A une demande de 110 obligations, on répondit que la caisse n'en contenait qu'un trop petit nombre pour les satisfaire.

D'après la prévention, Mirès et Solar auraient commis un abus de confiance en employant à leur usage personnel la somme de 2 millions 578 mille fr. qui ne leur avait été remise qu'à titre de mandat et pour en faire un usage déterminé.

M. le président à l'expert. — Parlez-nous des opérations sur les rentes françaises.

M. Monginot. — Il serait fort long de les expliquer, parce qu'elles portent sur plusieurs années consécutives. Il y a eu des pertes, dont nous avons relevé le chiffre.

M. le président. — Nous en reparlerons lorsque la discussion viendra sur ce point.

M. Vanhynsbeck, expert. — J'ai été chargé, conjointement avec M. Monginot, de vérifier les écritures de M. Mirès. Je n'aurais autre chose à dire que ce qu'a déjà dit mon confrère.

M. le président. — En effet, votre déposition ferait double emploi avec la sienne; vous pouvez vous retirer.

M. Barbet de Vaux, ancien chef de comptabilité de la Caisse générale des chemins de fer. — Je demanderai à monsieur le président sur quel fait il désire que je réponde.

M. le président. — Sur les exécutions faites en avril et mai 1859. Vous savez qu'à cette époque, M. Mirès a vendu, à l'insu des propriétaires, un nombre considérable de titres. Avez-vous eu connaissance de cette opération?

R. — Oui, monsieur le président, et j'ai fait à M. Mirès les observations qu'elle m'a suggérées.

D. — Comment vous en êtes-vous aperçu?

R. — Lorsque M. Mirès m'a fait demander l'état de ces titres, ainsi que le bordereau des payements qui avaient été faits; je vis alors qu'un grand nombre de ces titres avaient été vendus. Je dis à M. Mirès que c'était une irrégularité. Il me répondit que non; qu'il considérait ces titres comme une monnaie courante, semblable en tous points aux billets de banque; qu'il avait d'ailleurs consulté à cet égard un avocat de Marseille, M. Martini, qui lui avait assuré qu'il avait le droit d'agir ainsi.

D. Est-ce que les ventes de cette nature sont usitées dans la banque.

R. Je ne le crois pas. Mais au langage que m'a tenu M. Mirès, il m'a paru qu'il les considérait comme licites. Je dois dire que l'employé que je chargeai de ce travail sur l'invitation de M. Mirès, me fit lui-même des observations auxquelles je répondis en lui disant que nous n'étions pas responsables; que M. Mirès, ayant donné les ordres nous couvrait. L'agent de change, M. Marion écrivit lui-même que les titres avaient été tous vendus. L'employé dont je parle m'écrivit une lettre pour se mettre à l'abri; il me désignait toutes les irrégularités commises.

Voici cette lettre :

                    Paris, le 3 mai 1859.
Monsieur,

A dix heures du soir nous avons reçu les lettres de Marion, et je me suis aperçu que les cours que M. Osiris Iffla (courtier de la Caisse générale des chemins de fer) m'avait donnés ne correspondaient pas tous à ceux de la lettre. J'ai cru devoir m'en rapporter à cette dernière comme faisant foi. Ai-je bien fait? Je l'espère.

De plus, le nombre d'actions vendues d'après cette lettre, n'est pas égal à celui formé par tous les crédits en titres des clients. Ainsi, la note que j'ai donnée à M. Mirès portait 912 autrichiens, et d'après la lettre il n'en aurait été vendu que 12; de même pour plusieurs valeurs.

Ne sachant s'il fallait annoncer aux individus la vente de leurs titres en totalité ou en partie, je suis allé chez vous et chez M. Mirès, mais je n'ai trouvé personne. Comme il fallait cependant prendre une détermination, je me suis décidé à aviser la vente de tous les titres aux cours portés sur la lettre de Marion. Encore une fois ai-je bien fait? Toutefois si je me suis trompé, j'ai pour excuse l'ignorance où je suis des intentions de M. Mirès et l'impossibilité où j'étais de me renseigner.

J'ai pensé que M. Marion donnait par sa lettre le résultat des ventes au comptant, et qu'une autre lettre (qui ne m'est pas parvenue), en avisant les ventes à terme, viendrait compléter le nombre des valeurs à vendre qui figurent sur mon relevé.

Nous avons de nouveau passé la nuit pour terminer ce qui restait de lettres d'avis à envoyer. Je vous remets donc les lettres de Marion, les feuilles de Bourse et la liste de quelques individus qui ont encore des valeurs non vendues.

N'ayant pas vu mon lit depuis quarante-huit heures et tombant de sommeil, je vous préviens que je ne serai au bureau que vers midi, une heure. Il en est de même de MM. Jugien, Stanis-

las, Comte, Momigny et Monellier. Je prends la liberté de vous donner ces noms afin que leur absence ne vous surprenne pas.

Votre très-humble et dévoué serviteur,
                            DENITIS.

M. Osiris Iffla m'avait donné comme les ayant vendus le cours des Eaux de France et des Maritimes. La lettre de Marion ne fait pas du tout mention de ces deux valeurs, cependant j'en ai avisé la vente.

Je prends la liberté de vous importuner de toutes ces explications afin que vous ayez la bonté de réparer les erreurs involontaires qui avaient pu être faites.

D. Ces ventes ont donné lieu à des pertes.

R. Oui, M. le président, il y en a eu de deux sortes, les unes se sont élevées à au moins 500,000 fr.; elles étaient relatives au compte de chaque client. On portait à leur crédit une somme équivalente à la valeur de leurs titres.

M. le président — Ainsi, à cette époque, c'est-à-dire à la fin d'avril et au commencement de mai 1859, Mirès vendait de cette manière la presque totalité des titres qu'on lui avait remis dans sa caisse, soit en compte-courant, soit à titre de dépôts.

R. Oui, monsieur.

D. Et faisait-on des marchés à terme?

R. Oui, monsieur.

M. le président. — Ainsi on jouait à la Bourse avec les titres des clients. Et les sommes perdues de cette manière ont-elles été considérables?

R. Elles se sont élevées, pour les années 1858 et 1859, à près de sept millions.

D. A quel compte a-t-on porté ces pertes?

R. Au comptes des profits et pertes. On faisait le tableau d'après le cours du jour?

D. Ne faisait-on pas des situations mensuelles?

R. Oui, monsieur.

D. Sur quoi les établissait-on?

R. Sur les ventes à termes.

D. On faisait des ventes à termes. C'est un genre d'opérations interdit

R. Mirès. Mais non, M. le président. Nos statuts nous interdisent les ventes à primes, mais non les marchés à termes.

D. Quelle a été l'importance des pertes de cette catégorie.

R. La même à peu près que pour le compte d'application.

D. Les ventes des mois d'avril et mai ont été faites dans une période de temps très-courte. Le travail fait à cette occasion était exceptionnel. Qui en a été chargé?

R. Plusieurs employés qui y ont passé deux nuits. Malgré l'invitation de M. Mirès, je n'ai pas voulu y prendre part. Il répugnait à ma conscience de me mêler de ces manœuvres. D'autant plus que j'avais consulté un avocat à la cour de cassation, R. Bosviel qui me dit que M. Mirès était répréhensible de faire procéder à ces ventes de son autorité privée. Il me disait qu'un tribunal était seul juge pour ordonner des ventes de ce genre qui n'ont lieu que lorsque les intérêts des tiers sont menacés.

M. le président. — C'est après ces exécutions, c'est-à-dire ces ventes de titres que les actionnaires qui en étaient prévenus par une lettre-circulaire du 2 mai sont arrivés pour présenter leurs réclamations.

R. Oui monsieur le président.

D. Y en a-t-il eu beaucoup?

R. Oui, monsieur le président. Les scènes étaient très-vives, d'après ce que j'ai entendu dire. M. Mirès recevait dans son cabinet un certain nombre de clients, les plus exaspérés. Quant à moi, lors qu'il m'en arrivait un, je le réintégrais immédiatement dans ses titres et je calmais ainsi ses plaintes.

M. le président. — Mais, n'avez-vous point fait autre chose pour couvrir votre responsabilité?

R. Pardon, M. le président. Un jour, je m'en suis expliqué avec M. Solar. Je lui ai dit qu'il me semblait qu'on devait porter au compte des gérants les titres qu'ils se faisaient remettre. M. Solar fut mécontent de cette observation et donna l'ordre qu'on ne me communiquât plus de renseignements.

M. l'avocat impérial. — N'avez-vous pas fait d'autre observation au sujet de l'appréciation de la manière d'agir de M. Mirès?

R. C'est vrai, j'ai dit que cette manière d'agir était monstrueuse, puisque M. Mirès ne donnait pas au client la moitié de ce qui lui revenait, et que, si des réclamations bien légitimes avaient lieu, il était dans l'impossibilité de restituer leurs titres aux propriétaires.

M. le président. — Il faut maintenant entrer dans l'explication détaillée des distractions d'actions de la Caisse générale des chemins de fer, qui ont été faites par MM. Mirès et Solar. De quelle manière et dans quelles proportions ces Messieurs ont-ils exercé ces distractions.

M. J'ai su par M. Roger, qui était caissier des titres qu'il lui en manquait un certain nombre. Il m'avoua qu'il les avait remis à M. Solar sur sa demande, ainsi qu'à M. Mirès.

M. le président.—Oui, nous savons cela.

Le témoin. — Les actions étaient vendues pour le compte de MM. Mirès et Solar. M. Mirès a eu à son compte 6,562 actions. Cinq millions ont été versés à M. Mirès, environ trois millions à M. Solar.

M. Mirès. — Je demande à m'expliquer à ce sujet. J'étais parfaitement en droit de m'attribuer ces sommes, car la Caisse me devait plus de cinq millions.

M. le président. — Et M. Solar?

Le témoin. — M. Solar devait au contraire à la Caisse. Il a éteint sa dette, en versant une partie des trois millions, mais, plus tard, il s'est trouvé obligé de racheter des titres, et alors il est devenu de nouveau débiteur de la Caisse.

M. l'avocat impérial. — N'a-t-on pas dans l'affaire des chemins Espagnols livré au public un nombre de titres plus considérable que ne le portaient les règlements?

R. Oui, mais on s'est servi de l'excédant de ces titres pour en livrer à ceux qui en demandaient et, la plupart du temps, on rachetait de ceux qui avaient été émis pour les livrer à ceux qui n'avaient que des promesses. C'était un moyen de faire hausser le marché.

D. M. Solar n'est-il pas parti pour Bordeaux et M. Mirès ne lui a-t-il pas écrit de revenir?

R. Oui, monsieur; c'est à la suite d'explications très-vives au sujet d'un visa que j'avais à demander à M. Mirès pour la justification de mes écritures. M. Mirès écrivit à M. Solar la lettre suivante :

Lettre de Mirès à Solar.

Osiris prétend que vous lui avez dit que les bénéfices que vous me supposez sont le résultat d'opérations faites au préjudice de la maison. Une accusation semblable, exprimée par Osiris de votre part, est tellement surprenante, que je ne puis croire à cette colomnie, et je me hâte de vous en donner connaissance.

Depuis ma lettre d'hier, les faits se sont aggravés. La conduite de Ducros et Levy est telle, qu'il n'est pas douteux qu'ils poursuivent la destruction du traité de Salamanca.

Or si, après avoir mal dépensé des sommes si considérables pour les chemins romains, nous ne sauvons pas ce traité, qui couvre notre responsabilité et la Caisse générale des chemins de fer, en assurant l'exécution du chemin avec le capital social, je vous le déclare nettement, on peut être perdu. Il en est temps encore; venez me donner l'appui de votre influence sur Ducros et Levy, et tout sera probablement sauvegardé. Mais pour cela, il faut l'unité des noms, beaucoup de fermeté et l'amitié dévouée de Salamanca. Si vous me refusez votre concours, vous ne pouvez prétendre que vous avez ignoré l'extrémité où vous m'aurez réduit.

Au nom de votre famille, au nom des intérêts de tant de familles dont la fortune nous est confiée, revenez sans délai. La santé est certainement un bien précieux, mais il y a aussi des devoirs à remplir qui passent avant des considérations personnelles. Je suis convaincu que vous les comprenez comme moi, et, dans cette espérance, je vous prie de combattre dans votre esprit toute supposition fâcheuse. Je vous jure sur la tête de mon enfant que je n'ai dans le cœur aucun mauvais sentiment à votre égard; au contraire, je vous plains, parce que je sens que votre esprit crédule s'abandonne à des impressions douloureuses que votre maladie tend encore à aggraver.

2

Tenez, Solar, réfléchissez ; vous m'avez vu quelquefois bien emporté, bien violent; m'avez-vous vu jamais commettre une action qui décèle un caractère méchant, et, au contraire, ne m'avez-vous pas toujours vu victime de la bonté de mon cœur?

Cette lettre vous sera remise par M. Bonneau.

Une dépêche de lui me fera connaître votre résolution; je prie sincèrement qu'elle soit conforme aux bons sentiments que j'ai pour vous.

M. le président demande plusieurs explications au témoin sur plusieurs inventaires qu'il a été chargé de dresser. Il ressort de ces inventaires la situation générale suivante :

1° En ce qui concerne les bénéfices de l'année 1856, qu'ils se composent, pour la presque totalité, d'une somme de 4,375,000 fr. à prélever à titre de commission sur l'entreprise des chemins de fer Romains, et cela alors que cette affaire n'avait pas reçu un commencement d'exécution et qu'elle s'est résumée d'ailleurs par une perte considérable.

2° En ce qui concerne les bénéfices de l'exercice 1858, qu'ils se composent également d'une seconde somme de 4,375,000 fr. à prélever à titre de commission sur la même entreprise des chemins de fer romains, et qu'on a omis de porter au passif de l'inventaire une perte alors consommée de 572,011 fr. 05 c. sur des opérations de bourse en rentes françaises.

3° En ce qui concerne l'exercice de 1858, qu'on a de même dissimulé dans le passif de perte dont il vient d'être parlé, et de plus une perte nouvelle accomplie dans l'année, de 3,381,952 fr. 75 c. sur de nouvelles opérations en rentes françaises.

4° En ce qui concerne l'exercice 1859, que le déficit réel n'est atténué et que le bénéfice ne ressort que par l'application de la somme de 9,151,750 fr. qui était à provenir de l'entreprise du chemin de fer de Pampelune non encore commencée.

5° En ce qui concerne l'exercice 1860, que tous les résultats de l'inventaire sont mensongers; et qu'à témoignage des liquidateurs de la *Caisse générale*, la situation réelle présentera un déficit des plus considérables.

Le témoin. — Un mot encore, monsieur le président. Depuis plus d'un an on répète autour de moi que je suis l'auteur du malheur arrivé à M. Mirès ; je n'ai contre lui ni blâme ni amitié. Sur mes instances, et pour rétablir les faits dans leur vérité, M. de Pontalba a écrit la lettre suivante :

Monsieur,

Dans un écrit que vient de faire paraître M. Mirès dans l'intérêt de sa défense, il insinue à plusieurs reprises que vous auriez eu une part très-active dans l'énonciation des faits que j'ai cru devoir signaler à la justice.

En réponse à ces insinuations, et pour rendre hommage à la vérité, je m'empresse de déclarer que ce n'est que sur les instances que je vous ai faites en ma qualité de membre du conseil de surveillance que vous avez consenti, au commencement de novembre 1860, à m'éclairer complétement sur des faits que j'avais entrevus en prenant les renseignements nécessaires à la justification de mes droits contre MM. Mirès et Solar, et dont plusieurs personnes m'avaient entretenu à cette occasion.

Je déclare, en outre, qu'en me donnant ces renseignements, vous m'avez dit que vous les aviez déjà donnés à des membres du conseil de surveillance, et que j'avais les mêmes droits à connaître la vérité. C'est la seule participation que vous ayez eue dans cette affaire ; et comme j'assume toute la responsabilité de mes actes, je dois tenir essentiellement à ce qu'on ne dénature pas le caractère des vôtres, qui se sont bornés, comme comptable, à renseigner un membre du conseil de surveillance, qui avait le droit, aux termes des statuts, de prendre connaissance des livres et des pièces de la comptabilité.

Recevez, etc.,

De PONTALBA.

25 juin 1861.

Je jure sur mon honneur, dit le témoin que c'est là l'exacte expression de la vérité.

R. de Chassepot, me dit un jour que j'avais l'honneur de dîner chez lui : Ne nous quittez pas. Solar est parti. Son influence ne nous dominera plus. Mirès est d'un bon caractère ; nous obtiendrons facilement qu'il régularise les opérations de la comptabilité.

M. Mirès avec animation. — Mais qu'avais-je donc fait? Dites-le. Mon honneur est engagé à ce que la vérité se fasse jour.

M. le président. — Cessons ce débat.

L'audience est renvoyé à demain.

AUDIENCE DU 28 JUIN.

L'audience est ouverte à midi précis.

M. le président remet à huitaine un certain nombre de causes.

L'appelle des témoins commence.

L'huissier appelle : le ministère public contre Mirès et Solar. Ce dernier fait défaut.

On appelle les témoins.

1er témoin. M. Malard, ancien employé dans la maison Mirès, 14, boulevard Montmartre. — Ce témoin avait la direction des lettres.

D. M. Mirès a écrit une lettre pour aviser les actionnaires de la vente de leurs actions. Quelles observations vous a suggérées la lettre écrite à cette occasion?

R. Aucune; je n'avais pas à apprécier la nature de l'opération, j'avais affaire aux correspondants de province. J'ai seulement trouvé extraordinaire qu'il y eût des gens ayant la prétention de rester détenteurs de la Caisse, puisque leurs actions avaient baissé.

R. le président. — Ces gens-là avaient

raison, ils ne devaient pas d'argent et on ne pouvait disposer de leurs titres.

R. Besse, trente-sept ans, ancien caissier liquidateur de la Caisse générale des chemins de fer. — Il n'a eu connaissance qu'indirectement de la circulaire précitée. Il a su que lorsqu'il s'est agi de régler le compte de M. Marion, agent de change, les titres qui devaient servir à établir ce compte n'existaient pas à la Caisse. C'est ce qui a motivé sa conviction que ces ventes étaient fictives. Les ventes ont eu lieu les 30 avril, 2 et 3 mai 1859.

D. Avez-vous su que les titres en question avaient déjà été vendus antérieurement avant cette époque?

R. Mon rôle ne me permettait pas de le savoir.

M. le président. — La prévention oppose comme une manœuvre la lettre écrite par l'agent de change Marion, annonçant la vente, et que l'on aurait montrée aux clients pour leur faire croire que la vente était réelle.

M. Mirès. — Jamais la lettre de M. Marion n'a été montrée à aucun client. — C'était ainsi que celles de notre courtier Osiris Iffla, des pièces nécessaires pour régulariser la comptabilité.

Me Mathieu. — C'est un point important à noter que jamais on n'a montré la lettre de l'agent de change aux clients.

M. l'avocat impérial. — Que la lettre ait été montrée ou non, la fraude consiste pour nous dans le fait de la vente simulée.

M. Alyon, quarante-quatre ans, rentier, rue St-Dominique, 145, à Paris. — J'avais déposé 150 actions, dont 100 à moi, chez M. Mirès, lorsqu'à l'époque de la guerre d'Italie j'ai reçu une lettre de celui-ci m'annonçant qu'il avait vendu mes actions au prix de 365 fr. Je répondis à M. Mirès que je le remerciais beaucoup de prendre ainsi mes intérêts, mais que je le priais de me racheter mes actions le plus tôt possible. Je ne reçus pas de réponse, et je fus obligé de prier Me Lévêque, avoué, de s'occuper de cette affaire. Mes titres me furent restitués. On a obtenu cette restitution au bout de cinq ou six jours. Deux autres personnes, M. La Pommeraye et M. Bertonneau, étaient dans le même cas que moi. M. La Pommeraye a assigné Mirès, et il a été restitué dans ses titres.

M. Mirès. — La déposition de M. Alyon exprime bien la vérité. Les événements qui se préparaient en Autriche, la guerre, me faisaient craindre que les titres autrichiens ne fussent dépréciés. C'est pour ce motif que je les ai vendus. Mais on peut demander à M. Alyon s'il croit que j'aie agi contre ses intérêts.

R. André Lévêque, 40 ans, avoué. — M. La Pommeraye est venu me trouver pour que je lui fisse restituer des titres donnés en nantissement d'un prêt de 20 à 25,000 fr. Je fis faire une assignation, et ces Messieurs rentrèrent dans leurs titres. M. Alyon et M. Berthoneau sont venus me trouver quelques jours après pour une affaire semblable. J'écrivis à M. Gaveau, chef du contentieux de M. Mirès. Je n'eus pas de réponse. Je lançai une assignation. M. Gaveau me reprocha ce fait. Il m'avait écrit à une fausse adresse. Les titres ont été restitués.

M. Berlin, 29 ans, clerc d'huissier. — Au mois de mai 1859, M. de Saint-Priest est venu me consulter sur une difficulté qu'il avait avec M. Mirès, pour une restitution de titres. Je ne pus obtenir cette restitution. Une sommation fut alors résolue. J'allai chez M. Mirès avec cette sommation. M. Mirès me dit qu'il ne pouvait pas me répondre. J'en fis part à M. de Saint-Priest. Je sus ensuite que M. de Saint-Priest devait à M. Mirès 85,000 fr. A la suite d'une longue négociation, les titres ont été rendus contre le remboursement des 85,000 fr.

M. le vicomte d'Aure, 35 ans, ancien capitaine de cavalerie. — En 1858, j'avais besoin d'argent. Je portai 35 actions autrichiennes à la caisse Mirès. Je reçus dix-mille francs. Au mois de mai 1859, je reçus une lettre chargée, par laquelle on m'informait que j'avais été exécuté, c'est-à-dire que mes actions avaient été vendues sans ordre. Je suis venu à Paris. On m'a offert la différence entre la valeur des actions et le prix de la vente, c'était 2,000 fr. J'ai accepté les 2,000 fr. On m'a dit qu'on avait vendu, parce qu'on ne se trouvait pas suffisamment couvert par mes 2,000 f. Les actions pouvaient baisser et tomber au-dessous des 10,000 fr. que j'avais reçus.

M. Bornand, 53 ans, garçon de magasin. — J'avais 8 actions Victor-Emmanuel, j'avais un payement à faire. Je portai mes actions chez M. Mirès. On me donna la somme que je demandais. Plus tard, je reçus une lettre. On me disait que mes actions avaient été vendues. Je vins chez M. Mirès. Il me dit que la guerre était cause qu'on m'avait vendu. Je sus plus tard que les actions avaient été vendues au-dessus de 600 fr., et M. Mirès ne m'avouait que 300 fr.

Beauvais, 39 ans, tourbier. — Il y a bien longtemps que je connais M. Mirès. Cela date de 1851. M. Mirès m'a toujours très-bien conseillé. En 1856, j'avais 31 actions de l'Ouest. Je donnai l'ordre de les vendre à 975 fr. Cet ordre ne fut pas exécuté immédiatement. En 1859, on m'avisa d'une exécution faite à un taux inférieur à 975 f.

M. Mirès. — J'ai ignoré que M. Beauvais

ait écrit. Je suis prêt, s'il a éprouvé un préjudice, à l'en indemniser.

M. Courtois vient déposer de faits analogues. Il raconte longuement qu'il était venu faire un voyage à Paris pour demander des explications au sujet d'une exécution de ce genre. Il fait un tableau de l'intérieur de la maison Mirès qui, dit-il, à cette époque avait l'air en désarroi.

M. le substitut. — Si au 30 avril on avait réclamé au témoin une couverture supérieure à celle qu'il avait donnée, qu'aurait-il fait?

Le témoin. — J'aurais rendu les 10 mille fr. prêtés et j'aurais repris mes titres.

Mirès. — J'ai été sincère en vendant pour M. Courtois. A cette époque j'ai perdu plus de 400 mille fr. en vendant des rentes pour mon propre compte. Je voyais venir la baisse, et j'ai fait pour les clients ce que je faisais pour moi-même. — Mais *on* a cherché à exciter les clients, comme si le malheur des actionnaires de la Caisse n'eût pas été assez grand.

M. l'avocat impérial. — *On?* Quel est cet *on?*

Mirès. — La défense le dira.

— M. l'avocat impérial. — Non, expliquez-vous?

Mirès. — Eh bien! qui a instruit les clients de la vente?

M. l'avocat impérial. — C'est l'instruction.

Mirès. — Eh bien! oui, c'est l'instruction.

M. l'avocat impérial. — Il fallait le dire pour que ce fait fût constaté. L'instruction a bien fait. Elle a averti les clients qu'ils avaient été spoliés.

Mirès. — Il n'y a pas eu de spoliation.

M. l'avocat impérial. — Je vous demande pardon.

Mirès. — Accusez-moi de tout ce que vous voudrez, mais ne me reprochez la spoliation de personne. — Je ne suis pas un malhonnête homme, et toutes les fois que l'on attaquera mon honneur, il m'est permis de protester.

M. l'avocat impérial. — Les faits sont ainsi, nous ne pouvons les changer.

Cet incident impressionne vivement l'auditoire.

Mme Després, 47 ans rentière. — En 1859, j'allai chez M. Mirès pour déposer des actions. Quelque temps après, je reçus avis que j'avais été exécutée. On me dit que mes titres avaient été vendus 175 fr. et je sus que quelques mois auparavant, ils avaient été vendus 350 fr.

J'ai demandé à parler à M. Mirès. On m'a introduite dans son cabinet. Il m'a dit: Qu'auriez-vous fait, madame, si on ne vous avait pas vendu vos titres. Je lui ai répondu : ceci me regarde, monsieur. J'avais

déposé 30 mille fr. d'actions, en nantissement de 11 mille fr. On a remboursé 4 mille fr. comme solde de mon compte.

M. Dreyfus, 48 ans, propriétaire à la Croix-de-Varenne. J'étais depuis quelques années en relations d'affaires avec M. Mirès. J'avais des actions en compte-courant chez lui. Je recevais l'état de mon compte tous les trois mois. Le 31 mars je le reçus comme d'habitude.

Le 3 mai je fus très-surpris de recevoir une lettre d'avis m'annonçant que 50 actions achetées par moi à 700 fr. avaient été vendues 365 fr.

J'écrivis aussitôt à M. Mirès que je voulais rentrer dans mes actions. Je lui dis de racheter le 9 mai. Le 9 mai, M. Mirès me répond qu'il ne m'achète pas. Je lui devais 14,000 fr. Il avait 18,000 fr. de couverture; je lui envoyai 2,000 fr. pour être plus sûr qu'il achèterait.

Après ça une vive correspondance eut lieu de ma part. Il m'écrivit qu'on ne répondait rien à des lettres blessantes. Je lui mandai que la justice, dans cette affaire, n'avait pas dit son dernier mot. Alors j'écrivis à M. Mirès que je voulais voir le bordereau de la vente. Il me dit qu'il avait fait de nombreuses ventes ce jour là et que mon compte était mêlé avec d'autres. Je vis que j'étais *refait*. (On rit.) Je sus plus tard, par une de mes connaissances de Besançon, qu'une autre personne avait été remboursée. J'allai trouver un avocat qui me conseilla de porter plainte. J'écrivis alors à Mirès pour lui proposer de me rétablir dans mon ancien compte en le menaçant d'une plainte. Il y consentit. Mais j'ai perdu 300 fr. dans cette affaire. Maintenant, devant le juge d'instruction, j'ai appris que mes actions avaient été vendues à un prix plus fort que celui avoué par M. Mirès.

M. Deysse. — Dans le mois de juillet, un sieur Dreyfus, de Besançon, vint tout alarmé chez moi me dire qu'une circulaire du 2 mai, de la maison Mirès, lui faisait croire qu'il perdait 14,000 fr. J'écrivis à la maison Mirès pour M. Dreyfus. On me répondit qu'on allait en finir avec lui. J'écrivis ensuite trois autres lettres pour celui-ci et deux autres amis. Mais on ne me répondit pas. Je vins à Paris. Je vis le chef du contentieux de M. Mirès : il me dit que j'avais écrit des lettres abominables, horribles, qu'il fallait rétracter.

Je répondis que j'étais venu pour dicter des conditions et non pour en recevoir. En causant le débat s'échauffa et j'en vins à dire que je voulais voir le carnet de l'agent de change qui avait fait la vente. On refusa de me le montrer. On finit par me dire qu'on ne m'écouterait pas si je ne rétractais mes lettres. Je sortis. Le lendemain je revins; j'avais réfléchi : J'apportais un projet de conciliation qui ne fut pas accepté. Je demandai qu'on m'en présentât un, ce qui fut fait. A mon tour je le refusai Le jour même, le 12, je vis M. Mirès. Il commença vis-à-vis de moi un système d'intimidation : il me dit que j'étais un spéculateur, un grossier, etc. Je dis enfin à M. Mirès : pour en finir, je vais au Parquet. M. Mirès me prit par le bras et me dit : nous allons nous battre ! J'étais vivement émotionné. M. Solar qui se trouvait présent, réussit à me calmer et me dit d'aller arranger mon affaire avec le chef du contentieux. J'entrai de nouveau en pourparlers avec lui : après bien des paroles, on me remit un papier pour passer à la caisse. J'étais avec les trois personnes intéressées. Je les consultai : elles me dirent d'accepter. Je cédai contraint et forcé.

Plusieurs personnes vinrent encore me trouver pour me prendre comme intermédiaire pour obtenir des restitutions semblables.

M. Mirès. — M. Dreyfus a donné 300 fr. à monsieur pour ses honoraires. Monsieur était l'homme d'affaires des personnes au nom desquelles il venait.

Le témoin. — Je suis excessivement fâché qu'une question pareille soit soulevée. J'ai, il est vrai, été obligé de plaider avec M. Dreyfus : le tribunal m'a alloué 210 fr.

M. Drouet, employé-caissier. — J'avais besoin de 10,000 fr; je déposai 33 actions chez M. Mirès. Je reçus avis que mes actions étaient vendues; M. Mirès a bénéficié sur cette vente de plus de 7,000 fr.

M. Danner, colonel en retraite. — On devait me prêter 70 p. 100 sur chacun de mes titres que je déposais et que je n'entendais nullement livrer. J'avais les numéros de mes titres; lorsque je reçus, le 22 avril 1859, mon compte-courant arrêté au 31 mars, il y avait un nouvel à-compte à mon débit.

J'étais tranquille, croyant que si l'on avait un supplément de couverture à me réclamer, on attendrait au 30 juin. Le 1er mai je reçus une lettre me donnant avis que l'on avait vendu des actions du Crédit mobilier, au taux de 525 fr. Je déclarai que c'était impossible. Le Lendemain, je me rendis chez M. Mirès. Je rencontrai dans l'escalier deux personnes, dont l'une me fut désignée comme étant M. Mirès. Je lui dis que je venais demander l'annulation de la vente de mes titres. M. Mirès me dit : « Mais vous n'avez donc pas compris ce que voulait dire la circulaire; dans quinze jours les Mobiliers ne vaudront pas 400 fr. C'est dans votre intérêt que l'on a agi. » Ces paroles me furent dites avec un air d'amabilité et de calme si parfait que je fus confondu. Je

me retirai ne sachant ce que je ferais.

Enfin je sus que l'affaire s'instruisait; je me rendis chez le juge d'instruction et j'appris que mes actions avaient été vendues à un taux supérieur à celui indiqué par M. Mirès.

M. Dehaye. — Comme je me plaignais à M. Mirès, il me répondit : «On vous a coupé le bras pour vous sauver le corps.» Il avait déposé 19 actions d'Est. Le 2 mai 1859 on les lui vendit ainsi que d'autres actions. Il perdit 16,000 fr. M. Mirès donna l'ordre d'acheter au témoin des actions des Ports de Marseille. Cet ordre ne fut pas exécuté.

M. l'avocat impérial. — Que sont devenues vos actions.

R. MM. les liquidateurs m'ont répondu qu'ils ne les avaient pas trouvées, qu'elles n'avaient jamais été dans la caisse. Je les avais déposées le 2 mai. On les a vendues le 10 mai. J'ai toujours payé, je n'ai jamais rien reçu.

M. Mirès.—Quand j'ai conseillé à M. Dehaye d'acheter des Ports de Marseille, j'étais sincère. J'ai beaucoup de sympathie pour le témoin; j'ai donné l'ordre des Ports; si l'ordre n'a pas été exécuté, je ne puis en être responsable.

Une discussion s'engage entre M. Mirès et le témoin sur l'opportunité des achats et des ventes que le banquier lui a conseillé.

L'audience est suspendue. Il est deux heures un quart.

Un témoin pour se faire restituer ses titres a porté son argenterie et celle d'un de ses amis au mont-de-piété pour donner une nouvelle couverture.

M. Mirès. — Pour payer ses dettes, c'est bien naturel.

M. Gaillard. — Employé au chemin de fer de l'Est.

J'ai déposé deux fois des valeurs dans la maison Mirès en nantissement d'une avance de fonds.— C'était en octobre et en novembre 1857.—Cette année, on m'a écrit que j'eusse à liquider mon compte et que si je n'étais pas satisfait on me rendrait mes valeurs.

M. Mirès. — M. Gaillard avait emprunté 6,700 fr... Or 6 autrichiens représentaient 2.400 fr. des actions de Béziers 1,200 fr.— Monsieur devait 6,500. — Il y avait plus d'intérêt pour Monsieur à se liquider qu'à rester dans cette situation.

M. Gaillard. — Ma famille avait un compte-courant à la maison Mirès. Lorsque vint la guerre d'Italie, ma mère, inquiète, m'envoya chez M. Mirès. J'y allai. Il me dit qu'il n'y avait rien à faire.

Plus tard j'appris avec étonnement que M. Mirès avait vendu. J'en témoignai ma surprise et je crus que c'était une erreur. On me dit que non : que c'était une mesure générale. On racheta alors pour moi 500 Lombards en échange de mes autres titres.

M. l'avocat impérial. Lorsque vous vous êtes présenté vous a-t-on rendu vos titres.

R. — Non. On a réglé avec moi par appoint.

Me Mathieu. — Ce n'était pas un dépôt qui nous était confié; c'était une dette que nous avions.

M. G. Lateste, avoué, à Château-Thierry — J'ai déposé comme nantissement, chez M. Mirès, 28 sardes et 10 genèves. Le 2 mai 1859, j'ai reçu une lettre qui m'informait qu'on avait vendu; ma première pensée fut que j'avais affaire à des fripons ou tout au moins à une maison qui croulait. Je vins à Paris et me rendis chez M. Mirès. Ses bureaux étaient encombrés de réclamants; des femmes même pleuraient; pour sauver ce qui pouvait être sauvé, j'ai liquidé mais en protestant. J'ai su depuis que la vente de mes actions avait produit 4,000 fr. de plus que la somme qu'on m'avait annoncée.

M. Lefort, employé en retraite. — J'étais déjà depuis longtemps en relation avec M. Mirès, lorsque le 2 mai je reçus une lettre m'annonçant la vente des actions que j'avais en dépôt chez lui. Très-surpris, j'allai protester et redemander mes titres; M. Mirès ne voulut pas me rendre mes valeurs, me rassura et me dit de revenir le voir. J'écrivis plusieurs lettres qui restèrent sans réponse, et, comme j'étais déjà depuis quelque temps en suspens, je fus voir M. le comte Siméon que je priai de s'interposer en ma faveur. Plus tard, il me dit qu'il n'avait pu réussir, de m'adresser aux tribunaux; j'allais m'y résoudre lorsqu'on m'écrivit que ma vente avait été annulée.

M. Lhomme. — J'avais déposé 10 actions de chemins de fer sardes et plus tard 25 autrichiens; contre ces deux dépôts j'avais reçu 7,700 fr. On m'annonça en mai qu'on avait vendu mes autrichiens à 365 fr.; plus tard ils baissèrent de 40 fr., et je demandais pourquoi on n'avait pas attendu cette baisse dans mon intérêt? On me répondit: payez ou acceptez la vente. Je ne pouvais payer, je n'avais plus rien à donner en garantie pour emprunter, je dus accepter le reliquat de compte qui était de 3,900 fr. à mon crédit.

M. Luquin, concierge, avait déposé des valeurs pour l'achat de 7 mobiliers. On lui vend ses valeurs sans l'en prévenir; il n'a pas réclamé et on lui a compté 4,709 fr. de reliquat.

M. Mangeon, employé. — En mai 1857, j'ai remis 5 actions du Midi contre 2,000 fr., représentant à peu près la moitié de la valeur de mes titres. Sans motif, sans avis,

on a vendu mes actions dans un moment de grande dépréciation. Je fus trouver M. Mirès pour lui en demander le motif; il me répondit que c'était par suite d'une mesure générale prise dans l'intérêt de tous, que, d'ailleurs, je ne risquais rien, ce qui n'empêche pas que j'ai été exécuté.

M. le substitut. — Ne vous a-t-on pas dit que la vente avait été décidée par le conseil d'administration?

R. Je ne m'en souviens pas: je ne puis l'affirmer.

M. Manceaux, marchand de couleurs. — En octobre 1858, j'ai déposé 35 autrichiens à la Caisse Mirès contre une avance de 7,000 fr. En mai 1859, on m'a vendu sans mon autorisation, à 365 fr.; on m'a dit que cela était dans mon intérêt. Cela m'inspira de la défiance et je demandai le remboursement de mon reliquat de vente qui s'élevait à 5,000 fr.

M. le président. — La vente de vos actions avait produit réellement 26,000 fr.?

Le témoin. — Je l'ai su depuis.

M. Méquillet, propriétaire. — Ayant acheté une propriété en 1856, j'eus besoin d'argent; la Caisse des chemins de fer me prêta 8,500 fr. sur dépôt de 20 actions de l'Est. En mai 1859, on a vendu mes actions contre mon gré; j'ai offert de l'argent pour qu'on me restituât mes actions; on m'a dit: cela ne se peut pas, on ne revient pas sur un fait accompli. Ce procédé brutal m'a révolté.

M. Mirès. — Est-ce moi qui vous ai dit cela?

Le témoin. — Non, c'est un de vos commis.

M. Mirès. — Si vous aviez voulu retrouver vos valeurs vous n'aviez qu'à aller à la Bourse.

M. Méquillet. — Je n'ai jamais été à la Bourse. J'ai acheté mes actions à la création du Chemin de fer.

M. Mourgues, agent voyer, dépose qu'il a été exécuté contre son gré pour des valeurs qu'il avait déposées à la Caisse des chemins de fer, comme garantie d'un prêt de 12,000 fr. Il avait cependant toutes ses réserves. De plus, il se plaint que Mirès lui ait fait perdre plusieurs autres fois de l'argent en exécutant mal les ordres qu'il avait donnés.

Mirès. — Si les ordres de M. Mourgues ont été mal exécutés ce n'est pas ma faute personnelle; c'est un défaut d'administration.

M. Demartre, rentier. — Je suis fort troublé et mes idées ne sont pas précises.

M. le substitut lit la déposition écrite du témoin. — Il avait plusieurs titres autrichiens et François-Joseph qui furent vendus, sans son ordre, à 365 et 465. Le témoin se croyant ruiné, fut trouver Mirès qui lui dit, en le rassurant : « Nous avons encore 180 actions des Ports de Marseille à vous, elle vont monter et vous rattraperez sur elles ce que vous avez perdu. Il n'en a rien été.

M. le président, au témoin.— Persistez-vous dans votre déposition ?

Le témoin. — Je la confirme.

M. Mirès.— M. Demartre est le frère de M. de Persigny, je l'aime beaucoup, je n'accepte pas la responsabilité de sa ruine. J'y suis totalement étranger.

Petit-Jean (Jean-François), cocher. — J'avais déposé, en avril 1857, 28 actions des autrichiens chez M. Mirès ; elles valaient 18,000 fr. On me donna 8,000 fr. dessus. Le 2 mai j'ai reçu une lettre qui me disait que mes actions étaient vendues à 365. Désespéré, je cours chez M. Mirès et je lui dis que je veux ravoir mes actions. « Il faut de l'argent pour cela, mon garçon ; » qu'il me dit, et, pour en avoir, j'ai vendu les petites propriétés de ma femme sur lesquelles nous avons beaucoup perdu, car nous les avons vite vendues.

Me voilà parti de chez M. Mirès avec mon argent. Mais en voilà bien d'une autre, il me dit que ce qui est fait est fait et que mes autrichiens sont bien vendus. Je me mets en colère là dessus, et alors M. Mirès prend son chapeau, se le met sur la tête et me plante tout seul. Je m'en vais aussi, mais j'y retourne une fois, deux fois, trois fois ; enfin, je le pince un jour et il m'adresse à M. Laroque, son commis, je crois. Ecrivez-moi un ordre d'acheter et vous aurez vos autrichiens demain, que me dit celui-là ; c'est bon, je signe et je m'en vais tout content. Mais le lendemain pas d'actions et plus de M. Laroque ; un autre monsieur me reçoit et impossible de les avoir (il se tourne vers Mirès) : C'est affreux, ça, de prendre comme ça le pain de notre vieillesse, c'est vous....

M. Mirès, ému. — Est-ce ma faute ? je n'étais qu'un simple mandataire.

M. Pinet, négociant. J'ai déposé 75 autrichiens et reçu dessus 21,000 fr. Elles furent vendues 24,000 et quelques cents francs. Je menaçai M. Mirès de l'huissier et il me répondit : « Apportez de l'argent pour payer ce que vous devez et vous aurez vos titres. »

M. Fisc, notaire. – On ne m'a pas rendu les titres que je redemandais à un moment donné.

Peuchot (Hippolyte), 45 ans, commis bijoutier, demeurant à Paris, rue Beautreillis. — J'avais 30 actions sardes. Elles n'étaient pas libérées. J'avais besoin d'argent pour effectuer les derniers versements. Pour me procurer 4,000 fr., je déposai mes trente actions à la Caisse Mirès. Un beau jour (rires dans l'audience)... le

témoin continue. C'était au mois de mai, je reçus une lettre chargée m'annonçant qu'on m'avait vendu mes actions. J'ai cru dans le moment qu'on les avait vendues loyalement. Plus tard j'ai appris que M. Mirès les avait vendues à un cours beaucoup plus élevé que celui qu'on m'avouait et qu'il avait profité de la différence.

Rabasse (Jean), gérant du journal l'Entr'acte. — En mars 1859, je déposai à la caisse Mirès 25 actions sardes pour acheter 100 gaz de Marseille. On me les acheta en effet, et je reçus le bordereau indicatif. Je fus fort étonné lorsqu'un jour on m'annonça qu'on avait vendu mes 100 gaz de Marseille et que, liquidation faite, je redevais 400 fr.

M. l'avocat impérial. — Si vous aviez su que vos actions étaient vedues depuis longtemps, auriez-vous accepté le résultat de cette liquidation ?

R. Non, sans doute.

Le chevalier de Thierry, courrier de cabinet au ministère des affaires étrangères, le témoin ajoute : J'ai 31 ans de services. — En 1857, dit-il, j'avais besoin d'argent. M. Mahou, agent de change, à qui je m'adressai, me conseilla de voir M. Mirès. J'allai à sa caisse. On me demanda si je pouvais fournir trois signatures. Je répondis que non, mais que j'avais des actions que je pourrais déposer. Je déposai en effet 64 ouest et 34 Caisse, le tout valant plus de 70,000 fr. Au mois de mai, je reçus la circulaire Mirès, m'apprenant qu'on m'avait vendu et que je redevais 40,800 fr. On me disait que mes actions des chemins de l'Ouest avaient été vendues 430 fr., les caisse 175. J'ai appris plus tard que les premiers avaient été réellement vendus 750 fr. et les seconds 375.

Comme j'étais débiteur on m'a fait appeler il y a trois semaines. Les liquidateurs m'ont dit : voulez-vous qu'on vous balance. Merci, leur ai-je dit, j'en ai assez comme ça de votre balance, j'aime mieux celle de la justice (on rit). Ma pauvre femme en est morte de chagrin à la suite de ces affaires. M. Mirès le sait bien. Elle est allée chez lui tout en pleurs, M. Mirès lui a pris les mains et lui a dit : Ma bonne dame, vous m'intéressez beaucoup. Je ne voudrais pas que vous perdissiez. Faites un sacrifice. Que votre mari se saigne, qu'il trouve une couverture et nous arrangerons cela.

Je n'avais plus rien ; je n'avais pas de couverture à offrir. Maintenant, messieurs, les 98 actions que j'avais déposées valaient au delà de ce qu'on m'a prêté ; je n'avais que cela pour payer. Je m'en rapporte à votre justice pour les 40,000 fr. que l'on veut me faire payer.

Le témoin se retire au milieu des sourires de l'auditoire.

Tersouly (Jean) propriétaire à Foix. Je connaissais personnellement M. Mirès. J'avais grande confiance en lui. J'avais déposé toute ma fortune chez lui. En 1858, il y eut des bruits d'instabilité : je conçus des craintes et je retirai les actions que j'avais chez lui pour les porter à la Banque de France; mais la Banque ne voulut pas les accepter. Alors je reportai mes titres à M. Mirès en lui disant de les vendre. Ces actions n'avaient coûté environ 500 fr. et j'en avais pour 40,000 fr. Mirès sur mon ordre m'acheta 100 actions du Midi valant 58,000 fr. Cela me rassura. J'étais tranquille, lorsque le 3 mai je fus avisé qu'on m'avait exécuté.

Je me plaignis, mais je n'éclatai pas. Je dis que pour réparer le mal, il fallait racheter à la baisse. On me demanda de l'argent; j'envoyai près de 3,000 fr.

En 1859 et 1860 la Caisse se releva à l'occasion de l'emprunt ottoman ; voyant les actions remonter, je regrettai d'avoir été exécuté et j'écrivis pour obtenir la restitution de mes actions. On me demanda une couverture. J'envoyai 75 lyon valant plus de 70,000 fr. De nouveaux bruits inquiétants s'étant répandus sur la Caisse, je contremandai l'achat, mais on me répondit qu'on m'avait acheté 28 actions, et qu'on y avait joint 28 obligations de l'emprunt ottoman. Le 9 janvier on m'écrivit pour me proposer de céder à la Caisse l'opération des 74 actions de la Caisse dont on n'avait annoncé la vente le 3 mai 1859.

M. le Président nous n'entendrons plus de témoins aujourd'hui. L'audience est renvoyée à demain.

AUDIENCE DU 29 JUIN.

A midi moins un quart le prévenu entre dans la salle. Comme aux précédentes audiences, deux agents, vêtus de noir, viennent se placer à ses côtés.

A midi, le tribunal entre en séance.

Mme veuve Bertrand. — Soixante-huit ans, propriétaire à Auxonne (Loire), dépose : J'avais des Ports de Marseille, 34 obligations ; j'ai reçu un récépissé. En mai 1859, j'ai voulu avoir mes titres, on m'a dit qu'on ne les avait pas. Plus tard je me suis adressée aux liquidateurs pour ravoir mes titres ; on m'en a donné un certain nombre qu'on avait rachetés; le reste m'a été restitué en argent.

M. Mirès se lève et dit qu'il était complétement étranger à cette affaire, ses commis étaient chargés de cela. Elle n'a pas dû comprendre, et elle a pris le mot récépissé pour un titre ; du reste elle a été largement indemnisée.

M. Versey, receveur de l'enregistrement à Besançon. — Ma déposition est très-simple. J'avais un compte-courant chez M. Mirès. Lors de sa déconfiture, je me suis adressé au tribunal de commerce qui a condamné à restituer, le 26 mars 1860.

M. Balliey, vingt-quatre ans, employé à Blois.—En 1860, je me suis fait ouvrir un crédit à la Caisse Mirès. J'y ai déposé plusieurs titres. Lorsque la Société est entrée en liquidation, j'ai réclamé mes titres, on me les a rendus, à l'exception de 30 lombards qu'on n'a pas retrouvés. Du reste, je ne réclame rien. On m'a indemnisé en d'autres valeurs.

M. Mirès se lève. — Je dois dire que mon intention est de ne rien faire perdre à personne. Le jour de ma mise en liberté, ma vie sera consacrée à faire retrouver à mes clients leur capital.

M. Latapie. — Je représente ma belle-mère, Mme Delaloge, qui a souscrit des Ports de Marseille. Elle a reçu exactement les intérêts. Elle a laissé les titres à la Caisse des chemins de fer. J'ai su qu'il ne s'en trouvait que 7 dans ladite caisse. J'ai reçu une indemnité de 2,000 et quelques francs pour le reste ; on en avait disposé.

M. Flammermont, 51 ans, menuisier à Versailles. En juin 1860, j'ai souscrit pour 29 obligations de Sarragosse à raison de 250 fr. que j'ai versés par anticipation. En octobre je suis allé pour toucher mon coupon et pour libérer mes obligations. Dans les bureaux on ne m'a donné qu'un récépissé. J'ai réclamé mes titres: on m'a dit que les administrateurs étaient partis pour Pampelune et qu'ils n'avaient pas pu signer un assez grand nombre de titres avant leur départ. On me disait de revenir au mois d'avril. A cette époque, M. Mirès est tombé en *défaillance* (on rit); je n'étais pas en belle situation. Fort heureusement des personnes se sont intéressées pour moi. On m'a remis des gaz de Marseille. J'ai perdu une certaine somme, mais si je vendais maintenant, comme les actions sont en hausse, je regagnerais.

M. Mirès. Les valeurs qui ont été données en payement au témoin représentent en même temps 900 fr. de bénéfice. S'il n'avait pas été frappé de panique à cause de mon arrestation il n'eût rien perdu.

M. Thibaudeau, 45 ans, demeurant à Creil. —Avait en dépôt des titres de Pampelune et des ports de Marseille chez M. Mirès. On lui a rendu à peu près ses titres. Du reste peu lui importait qu'on lui rendît un titre ou un autre.

M. Mirès. — Un fait curieux s'est produit dans une circonstance semblable. Une demoiselle Audry avait déposé à la Caisse quelques obligations des ports de Marseille ; elle vint les réclamer lorsqu'elle apprit mon arrestation. Eh bien, mes liquidateurs ont fait confusion, et ont donné à mademoiselle Audry d'autres titres que les siens. Il n'y a pas cependant de mauvaise volonté à invoquer de la part de mes liquidateurs. On s'est trompé, mais les titres existaient.

M. Courtier, 73 ans. — Le 5 juin j'avais porté 8,000 fr. chez M. Mirès pour 32 obligations de Sarragosse à Pampelune. On m'a donné un reçu de 1,600 fr. et un de 6,400. On ne put me donner des obligations de Sarragosse. Après des pourparlers je consentis à recevoir en échange de mon argent, 35 chemins romains, valant 7,525 fr., et un solde en argent de 515 fr.

M. Letertre, 42 ans, épicier.—En mai ou juin 1860, je voulais avoir 10 obligations de ampelune. Je fis deux premiers versements. Des bruits fâcheux s'étant répandus ensuite, je m'abstins de faire le troisième versement. Plus tard, j'ai transigé avec les liquidateurs et je suis rentré dans mes fonds et intérêts.

M. Seguin, François, 42 ans, marbrier, à Montmartre, fait une déposition analogue à la précédente.

M. Halbronn, 35 ans, ancien cogérant de la Caisse. — Je suis entré à la Caisse l'année dernière au mois de juillet. J'ai trouvé en M. Mirès un homme d'une probité parfaite. Toutes les réclamations qui lui ont été faites en ma présence ont toujours été suivies de réparation immédiate.

M. l'avocat impérial. — M. Halbronn est le parent de M. Mirès.

M. Mirès. — J'ai oublié que M. Halbronn était mon parent et je n'ai vu en lui qu'un cogérant dévoué aux intérêts de mes clients. J'ai fait passer ces intérêts avant les sentiments de la famille. Une preuve sans réplique, c'est que je m'étais fait remettre par M. Halbronn sa démission en blanc, prêt à user de cette pièce s'il ne se fût pas montré dévoué aux intérêts de la maison.

M. l'avocat impérial. — Nous pourrions indiquer une autre cause, mais nous nous abstenons.

M. Halbronn explique ensuite l'opération de la vente à la Bourse des obligations de Pampelune. Ces titres manquaient à la Bourse, parce que, d'une part, M. de Salamanca en avait conservé un grand nombre, et que, d'une autre, il s'en trouvait beaucoup envoyés aux agents de la maison en province. On devait émettre 50,000 titres. On a cru pouvoir, dans ces circonstances, en émettre jusqu'au chiffre de 56,000. On ne délivrait d'ailleurs que des titres provisoires que l'on rachetait ensuite.

M. le président. — On n'en a pas moins eu tort d'émettre 56,000 titres, lorsque les statuts ne permettaient d'en émettre que 50,000.

M. Roger, 41 ans, caissier, demeurant à Auteuil. — J'ai remis soit à M. Mirès, soit à M. Solar 21,247 titres contre les reçus de ces messieurs. Ces reçus ont été conservés dans la caisse.

M. l'avocat impérial. — Vous étiez le caissier des titres. Vous étiez l'employé de M. Mirès aussi bien que de M. Solar. Cependant lorsque Mirès vous demandait de lui remettre les reçus de M. Solar, vous vous y êtes refusé. Pourquoi?

R. — C'était de ma part une question de loyauté ; M. Solar était en voyage. Il m'avait confié ces reçus. J'ai écrit à M. Mirès une lettre dans laquelle je lui donnais les motifs de ma conduite.

M. l'avocat impérial. — La lettre par laquelle M. Roger déclare à M. Mirès qu'il ne peut lui remettre le reçu de M. Solar est du 4 juillet 1860, et voici une lettre de M. Mirès à M. Solar en date du 21 juillet 1860, dans laquelle nous lisons ce paragraphe.....

Me Mathieu. — Si M. l'avocat impérial voulait bien nous lire la lettre tout entière, je lui en serais très-reconnaissant.

M. l'avocat impérial. — Nous n'avons à nous occuper en ce moment que du paragraphe relatif aux titres ; et d'ailleurs je n'ai pas entre les mains la lettre complète.

M. Mirès. — La voici, monsieur l'avocat impérial.

(La lettre et remise à M. l'avocat impérial.)

Me Mathieu. — Si le paragraphe était lu isolément, il pourrait en résulter, sans que ce fut assurément l'intention de M. l'avocat impérial, de fausses impressions.

M. l'avocat impérial lit :

A Monsieur Solar.

Paris, 21 juillet 1860.
Monsieur,

Les conférences que vous venez d'avoir chez vous, à Guirand, avec MM. de Pontalba, Gaïffe et Osiris Iffla ont porté leurs fruits. Pendant que M. Iffla me faisait connaître hier, avec votre autorisation, que M. Dromery était choisi par M. de Pontalba comme par vous pour faire valoir vos réclamations contre la Caisse générale des chemins de fer, j'apprenais le soir même, à l'Opéra, par M. Caussade, que M. X... avait recueilli les propos suivants : « Il paraît qu'il se passe chez Mirès des choses graves, MM. Solar et de Pontalba devraient des sommes considérables, et Mirès n'ose pas les poursuivre dans la crainte de révélations fâcheuses. » Je ne puis me méprendre sur l'origine de ces bruits; lorsque je sais que M. Gaïffe, après avoir assisté à Guirand à vos conférences, est arrivé à Paris en compagnie de MM. de Pontalba et Osiris Iffla.

M. Iffla m'a aussi fait connaître que vous refusiez de donner votre démission de rédacteur en chef de *la Presse*. Or, vous avez acheté les parts de *la Presse* à un prix très-élevé, parce que les droits de gérant et de rédacteur en chef y étaient joints. La vente isolée des parts sans ces droits qui étaient joints occasionnerait une grande perte au préjudice de la Caisse générale des chemins de fer : j'espère que vous ne persisterez pas dans cette prétention qui ne ferait qu'aggraver le tort que vous avez eu d'avoir acheté ce journal contre mon gré, et le tort plus grand encore d'avoir compromis la propriété par vos attaques haineuses contre l'Empereur, attaques qui ont nécessité de la part du conseil de surveillance une protestation que j'ai provoquée et que j'ai déposée dans les mains de son Excellence le Ministre de l'intérieur.

Je n'ignore pas que la mise en demeure, qui, sur ma demande, vous fut faite à cette occasion de vous démettre d'une rédaction en chef qui flattait vos passions politiques, a contribué à activer vos mauvais sentiments à mon égard, sentiments dont j'avais recueilli les effets dans cette malheureuse affaire des chemins de fer romains, que, d'accord avec MM. Ducros et Pontalba, vous auriez ruinée si je n'étais parvenu à l'arracher de vos mains, et qui heureusement, grâce à moi, est entièrement sauvée et en pleine prospérité à Rome.

Pour répondre aux menaces de révélations qui me sont faites, je vous préviens que, si dans un bref délai vous n'avez pas soldé votre compte, ou donné des garanties, et si vous n'avez pas rétabli à la caisse des titres les 1,636 actions de la caisse que vous devez, des mesures seront prises en conséquence, et j'aurai à m'adresser à qui de droit.

Je ne terminerai pas cette lettre sans vous donner un avis :

Vous avez assisté aux menaces de procès faites par MM. Debrousse, Sarti, Gentz, Blanzy jeune et Comp. etc., vous savez que sous l'influence de ces menaces, et sous votre pression, j'ai consenti des transactions onéreuses pour la Société des chemins de fer Romains et pour la Caisse des chemins de fer qui était responsable du capital.

Sans doute vous et M. de Pontalba avez espéré un résultat analogue, en mettant en péril le crédit et la considération de la Caisse générale des chemins de fer; vous êtes en retard; les procès m'effrayaient uniquement parce que le crédit de la Société des chemins de fer romains en eût été affecté et la Caisse des chemins de fer, responsable du capital, aurait été compromise.

Aujourd'hui, je regretterai tout procès, mais je n'ai plus les mêmes craintes, car la Caisse des chemins de fer est dégagée; son capital est intact et si un procès est toujours une chose fâcheuse pour un établissement de crédit, je le préfère à des sacrifices; vous en aurez bientôt la preuve et si vous ne vous mettez pas en mesure de solder votre compte ou de donner des garanties, et enfin si vous ne restituez pas les titres que vous devez, vous aurez ainsi la preuve que je ne redoute rien et que je méprise les menaces comme je brave la calomnie.

Si vous trouvez que le mal que vous avez fait par un départ caché et précipité n'est pas assez grand, je puis vous rassurer, car les bruits les plus fâcheux circulent et on assure même qu'il va paraître un libelle qui résumera tous les propos et interprétations charitables enfantés par votre étrange conduite.

Signé : Mirès.

M. le président au témoin. — Voulez-vous continuer vos explications au sujet des distractions d'actions qui ont été faites par MM. Mirès et Solar dans la caisse des titres dont vous étiez chargé. Expliquez-nous le mode par lequel ont procédé les gérants de la Caisse générale des chemins de fer.

Le témoin. — J'ai remis aux experts un état exact des titres pris dans la caisse par MM. Mirès et Solar.

D. — Sur cet état vous avez porté comme existant dans votre caisse dix mille titres que s'étaient attribués MM. Mirès et Solar; 6,562 représentant 3,600,000 fr. perçus par Mirès; 3,438 titres représentant 1,200,000 francs perçus par Solar.

R. — J'étais couvert par les reçus que ces messieurs déposaient dans la caisse en échange des titres qu'ils y prenaient.

D. — Oui, mais vous avez laissé ignorer à la comptabilité des titres que ces dix milles actions n'étaient plus dans votre caisse.

R. — Ces titres ont été portés au débit de M. Mirès.

D. — Oui, mais en réalité, ils n'ont jamais été réintégrés. M. Monginot va nous donner des explications à ce sujet.

M. Monginot, expert. — 21,247 titres ont été retirés de la caisse par MM. Mirès et Solar. Quatre millions huit cent mille francs ont été perçus en argent par eux comme différence réalisée sur la vente de ces titres. M. Mirès a eu pour sa part 3,600,000 fr.; M. Solar 1,200,000 fr.

Le caissier, M. Roger, recevait en échange des reçus de ces messieurs. Il laissait la comptabilité des titres dans la croyance qu'il avait tous les titres en effectifs.

Un an plus tard, et à des époques successives, Mirès et Solar ont racheté les titres à leur convenance et les ont réintégrés à la Caisse à la place des reçus qui leur ont été rendus.

Mais il y avait encore, malgré ces réintégrations, un manque de 10,000 titres. Mirès alors a pris à son compte de débit 3,500 des titres appartenant exécutés. Il devait en rester 6,994 en caisse, savoir :

5,862 appartenant à la maison et non émis, plus 1,100 que la Caisse avait rachetés.

Mirès a tout fait porter à son compte de débit. Il était de toute nécessité cependant que les 5,862 titres appartenant à la maison restassent en caisse. Pour sortir de cette difficulté, Mirès s'est constitué débiteur *vis-à-vis de la maison* de 5,862 en titres et s'est crédité de 1,750,000 francs pour leur montant, dans un compte particulier, de telle sorte que la maison était son créancier dans les situations trimestrielles.

Il fallait ensuite combler cette lacune. Pour y arriver, il a racheté en bourse douze mille titres de la Caisse des chemins de fer. Il prétend, parce qu'il les a payés plus cher, compenser ce prix avec le bénéfice qu'il a réalisé.

M. l'expert conteste cette prétention de M. Mirès, parce qu'il dit que celui-ci a fait une opération à ses risques et périls. Il voulait à cette époque élever la valeur des titres de la maison pour encourager les souscripteurs à l'emprunt ottoman et parce qu'il était sous le coup d'une descente de justice par suite de la plainte de M. de Pontalba.

Il a fait ces achats avec les fonds versés par les souscripteurs à l'emprunt ottoman, et la preuve en est, qu'au lieu de remettre des espèces à M. Court, banquier de l'empire ottoman, il lui a fait accepter des actions des docks de Marseille pour 1 million 600 mille fr., 4,000 obligations du chemin de Sarragosse à Pampelune, et une certaine quantité d'actions des ports de Marseille, le tout représentant une somme de 4,800,000 fr.

M. Mirès combat les interprétations de l'expert.

M. le président. — L'incident est vidé. Passons à un autre témoin.

Mademoiselle Grandjean (Alexandrine). — Je devais faire un voyage. J'avais des titres. Je les crus plus en sûreté chez M. Mirès que chez moi. Ce n'était donc pas un compte-courant que je voulais avoir. Mes actions, cependant, ont été portées en compte-courant. J'ai transigé avec les liquidateurs.

M. Richardière, expert-liquidateur. — Le lendemain du jour où M. le comte de Germiny a été nommé administrateur provisoire de la Société Mirès et comp., il m'a fait appeler pour m'occuper des détails de l'administration intérieure. Quelques jours après j'ai été nommé liquidateur par le tribunal de Commerce. Nous avons dû nous occuper tout d'abord d'établir l'inventaire général de la Société Mirès et comp. au 20 février, jour où commençait l'administration provisoire de M. de Germiny. Ce travail très-long, n'est pas encore entièrement terminé, je ne pourrais donner ici que des chiffres approximatifs.

M. le président. —. Quel était à peu près la valeur des titres manquant à la Caisse.

Le témoin. — 12,400,000 fr.

M. Mathieu. — Il faut défalquer de ce chiffre les sommes dont on avait parfaitement le droit de disposer à cause de la situation, en compte-courant, des clients auxquelles elles appartenaient.

L'avocat impérial. — Ce droit de disposer des titres en dépôt n'est pas reconnu.

M. Bordeaux, ex-agréé au tribunal de Commerce. — Nommé liquidateur de la Société Mirès le 4 avril, j'ai immédiatement pris possession de l'actif, et, tout d'abord, j'ai pensé pouvoir balancer le passif. Mais j'ai bientôt reconnu que par suite des exécutions qui avaient été faites, bon nombre de clients avaient à réclamer la différence entre le prix de vente et celui du cours du jour où ils avaient déposé. De plus, les livres étaient entre les mains de la justice et je ne pouvais pas contrôler les réclamations des exécutés. Il manquait en caisse pour environ 13 millions de titres, savoir :

1 million à Mirès lui-même.
3 millions à M. Salamanca,
7 millions dus à divers,
2 millions sans compte ouvert.

A la place de tous ces titres se trouvaient des récépissés.

M. le président. — Ces récépissés provisoires étaient-ils nominatifs?

Le témoin. — Oui, mais ils étaient anormaux, étranges; ce n'étaient que des promesses de remettre aux porteurs des obligations du chemin de Pampelune. Ils étaient signés de M. Halbronn ou de tout autre employé de Mirès; ils ne portaient pas la signature des administrateurs du chemin. La situation donnée au 20 février donnait un actif de 161 millions, un passif de 119.

M. l'avocat général. — C'est le contraire qu'il faut dire.

Le témoin. — Je veux dire, en chiffres ronds,

111 millions passif,
119 millions actif.

Reste 8 millions actif.

Mais il faut retrouver le capital social qui est de 50 millions, ce qui constitue un passif de 42 millions en déduisant les 8 millions d'actif réel. L'intention des liquidateurs est de débiter M. Mirès de tout le capital social.

M. Mirès. — Quelle que soit la position qu'on me fasse je l'accepte d'avance des liquidateurs si tels arbitres qu'ils jugeront convenable de prendre, me condamnent.

M. Mirès entre alors dans de grands détails sur le chemin de fer de Pampelune, de grandes pertes, dit-il, ont été éprouvées par suite de l'indécision sur le point de raccordement.

M. Bordeaux. — La réduction de 187 kilomètres à 165 est un fait qui me paraît définitif.

M. Mirès. — Je proteste; pour ma part je n'accepte pas cette réduction, je ne puis y consentir, ce serait un immense préjudice causé aux actionnaires. La réduction n'est d'ailleurs qu'un fait postérieur aux poursuites exercées contre moi par suite de la dénonciation de M. de Pontalba.

M. l'avocat général. — Le prévenu vient de fixer, dans la discussion, à 100 fr. le chiffre des pertes éprouvées sur les 18,000 actions Salamanca, d'après quel cours?

M. Mirès. — Le prix d'émission était de 500 fr. et elles ont été vendues en grande baisse.

M. l'avocat général. — Le cours du jour où elles ont été vendues était de 425 fr.

M. Mirès. — En décembre, mais en octobre il était de 475. La preuve des belles espérances que donnait cette ligne de fer, c'est que M. de Rothschild a garanti 6 p. 100 d'intérêt; le cours de la baisse n'est pas un régulateur.

M. Bordeaux entre alors dans des détails sur la perte de 42 millions établie dans l'inventaire.

M. Mirès. — J'ai des observations à faire sur la gestion des liquidateurs.

M. le président. — Nous ne sommes pas juges de cette question.

M. Mirès. — Je n'ai pas l'intention de leur faire un procès. Mais, messieurs, permettez-moi de vous répéter encore une fois que toutes ces pertes sont en partie le résultat du fait de mon arrestation, de la dénonciation de M. de Pontalba.

AUDITION DES TÉMOINS A DÉCHARGE.

Voici les noms des dix-sept témoins à décharge assignés à la requête de M. Mirès:
MM. Auguste Avond;
Gueyraud;
Carvalho;
Millet;
Frémy, gouverneur du Crédit foncier;
Larroque;
Debase;
Fossey;
Chavet;
Rocquard, notaire;
Court;
Couturier;
Rostan;
Bourdin, agent de change;
Delahante;
Detaille;
Cuzon.

M. Mirès renonce à l'audition de plusieurs témoins dont les dépositions auraient pu provoquer des incidents dont la défense ne veut pas user.

M. Avond, avocat, secrétaire de la Caisse générale des chemins de fer.

M. le président. — Sur quel point M. Mirès veut-il que l'on interroge le témoin?

M. Avond. — Je répondrai à toutes les questions qu'il plaira au tribunal de m'a-

dresser, mais avant, je lui demande la permission de lui faire connaître quelques faits, quelques impressions que la défense recueillera peut être pour la défense de M. Mirès; je regarde cela comme un devoir de la plus scrupuleuse conscience. Je suis entré à la caisse générale des chemins de fer au mois de juillet dernier, pendant les huit mois que j'ai passés avec M. Mirès j'ai toujours eu avec lui les plus excellents rapports; plusieurs fois des difficultés sérieuses se sont rencontrées; elles auraient pu se résoudre par non aussi bien que par oui, selon qu'elles auraient été jugées avec plus ou moins de conscience. M. Mirès adoptait toujours la conclusion la plus loyale, et je l'ai vu dans toutes les circonstances, d'une probité absolue. J'étais entré à la Caisse des chemins de fer avec une excellente opinion sur la moralité de M. Mirès et, que le tribunal me permette de le dire, je serais parti à l'instant même si j'avais eu la preuve du contraire.

Quand il s'agissait du remboursement de comptes courants considérables, il fallait ménager certains intérêts et cela froissait la conscience de M. Mirès. Il cédait à ce sujet aux considérations de l'amitié, au lien plus fragile des relations du monde, aux élans de la bonté de son cœur. Bref, il était si facile dans ces transactions que j'ai dû moi-même le lui représenter. J'insistai également auprès de lui pour amener un arrangement dans les comptes courants et surtout pour diminuer le personnel immense de la Caisse, qui ne s'élevait pas à moins de quatre-vingts employés, j'obtins une réduction de vingt-cinq.

D'ailleurs, M. Mirès était l'homme le plus généreux, le plus charitable, le plus humain que j'ai connu. S'agissait-il de doter une jeune fille, un employé était-il malade? il venait au secours de celui-ci et il dotait celle-là... je pourrais citer maints exemples où la bonté de son cœur éclata en témoignages irrécusables.

En septembre dernier, M. Mallard, chef de la correspondance, vint me trouver pour me demander ce qu'il fallait répondre à une lettre qu'il tenait à la main. J'y lus le mot *exécution*. Ce mot m'était inconnu, j'en demandai l'explication à M. Mallard.

Sans avoir examiné juridiquement la valeur de ce mot, il me froissait; j'entrai chez M. Mirès et je lui exprimai mes sensations à ce propos. M. Mirès me parut très-sincère, très-convaincu; il me dit combien cette nécessité lui était pénible, mais d'ailleurs il regardait ce fait comme parfaitement dans son droit.

Le lendemain, comme j'arrivais à mon

cabinet, M. Mirès vint à moi, et avec des expressions très-senties, me dit qu'il avait été frappé de l'impression douloureuse produite sur moi par les exécutions, qu'il croyait sincèrement avoir agi dans l'intérêt de la Caisse, mais qu'il consentait à une révision de ces exécutions, et il me remit un dossier énorme à ce sujet. Je me mis au travail avec ardeur; mais les pièces dont je disposais était incomplètes; j'avais besoin de savoir quels étaient les clients qui avaient accepté ou non les exécutions. Je demandai donc des documents plus complets. J'étais en mesure de commencer ce travail vers le mois d'octobre, quand deux événements importants survinrent : l'emprunt ottoman d'abord qui vint me surcharger de travail, et l'affaire Pontalba que je m'abstiens de qualifier devant le Tribunal.

Le 19 décembre, M. Mirès vint me dire que M. le procureur impérial l'avait prié de se rendre chez lui, non au parquet, mais en son propre domicile. Il me pria de l'accompagner dans cette visite, afin de lui faciliter l'intelligence de certains points de droit avec lesquels il pourrait n'être pas très-familier. Nous y allâmes.

Notre conversation fut longue et je crois inutile de la rapporter en entier au Tribunal, je n'en mentionnerai qu'un point. Après avoir dit à M. le procureur impérial le travail auquel M. Mirès s'était décidé dès le mois de septembre, concernant les exécutions, M. le procureur impérial dit à M. Mirès, et cela par trois ou quatre fois : « Nous vous engageons à continuer ce travail. »

M. l'avocat impérial. — M. le procureur impérial ne vous dit-il pas que ces actes rétrospectifs n'auraient aucune influence sur l'instruction?

M. Avond. — Je ne puis répondre d'une façon catégorique, car la conversation dont il s'agit, remonte déjà à six mois. Je crois cependant que le mot instruction a été prononcé, mais dans le sens suivant : « Faites ce travail, vous avez le temps pendant l'instruction. »

M. l'avocat impérial. — Nous tenons à ce que le témoin dise qu'il se rappelle que M. le procureur impérial a dit ce que nous venons de rapporter, et ceci encore : « L'information continuera. »

M. Avond. — Pas précisément, je ne crois pas. Je retrouve difficilement les termes propres de cette conversation éloignée. Mais ce qu'il y a de certain, c'est que le ton de M. le procureur impérial aurait contrasté singulièrement avec ces paroles catégoriques, car, au mot d'instruction prononcé par ce magistrat, je m'écriai : « Une instruction! mais ce serait une ruine; la Société n'aurait plus qu'à déposer son bilan aujourd'hui, si cela était. » Il me semble que je n'aurais pas pris la respectueuse liberté de prononcer ces paroles, si M. le procureur impérial avait dit le mot instruction dans le sens que lui prête M. l'avocat général.

Je continue donc: J'avais confié à un jeune homme habile, licencié en droit, le soin de partager en catégories les dossiers relatifs aux exécutions; le 18 février, on avait fait un grand nombre de lettres d'après ce travail, on allait les envoyer aux clients. J'affirme que cette mesure était sincère, réelle, sérieuse, quand est arrivée la catastrophe.

Voulez-vous connaître M. Mirès par quelques-uns de ses actes? Un jour, je reçus une lettre d'un professeur de collége, lettre désolée. Il devait 15,000 fr. à la Caisse, il ne possédait rien, et en honnête homme qu'il était, il offrait de se libérer par une pension de 600 fr. à prendre sur son modique traitement. Au premier mot que je dis à M. Mirès de cette affaire, il me dit : « Je prends son compte à ma charge, passez-en écriture. »

M. Frémy, conseiller d'État, gouverneur du Crédit foncier.

M. le président. Sur quoi M. Frémy est-il appelé à déposer?

M. Mirès. — Sur des propositions que je fus lui faire pour sauver les intérêts que je représentais.

M. Frémy. — M. Mirès est venu m'exposer les embarras qui lui étaient causés par l'emprunt ottoman. Il m'a demandé s'il ne pourrait pas parer à ces embarras en engageant les immeubles de la Société et les siens propres. Je répondis que j'examinerais la question : mais le soir même, M. Mirès était arrêté.

M. Cuzon. — Je déclare que M. Mirès a payé, malgré la prescription acquise, des billets souscrits par son père.

M. Bourdier, agent de change. — Je déclare que je n'ai pas trouvé de client plus loyal, ni plus honorable que M. Mirès. Je faisais des achats ou des ventes considérables sur sa simple parole.

M. Barbet de Vaux. — Je déclare que M. Mirès ne s'occupait jamais des détails de la comptabilité, et je crois que l'on ne peut rien trouver à y reprendre comme régularité.

INTERROGATOIRE DE M. MIRÈS.

M. le président. — Il ne nous reste plus maintenant qu'à interroger le prévenu.

M. Mirès se lève.

M. le président. — Il ressort de tout ce qui vient d'être dit à cette audience et aux précédentes, que plusieurs points sont éclaircis. Ainsi, quant aux exécutions des clients, il est bien établi que la vente réelle des titres déposés par ces clients avait été effectuée longtemps avant l'époque où ils ont été avisés qu'ils avaient été exécutés.

M. Mirès. — Cela est vrai, monsieur le président ; mais, ainsi que je l'ai déclaré au commencement des débats, je n'ai jamais agi pour moi personnellement ; j'étais le gérant de la Société, le mandataire des actionnaires.

M. le président.—Eh bien ! cette question sera appréciée de part et d'autre, comme elle devra l'être. La discussion a également éclairci le point de la vente des 21,247 actions de la Caisse générale des chemins de fer.

R. Je présenterai la même observation que pour le point précédent. Je dirai de plus qu'aucun client n'a éprouvé de préjudice. Nous avons fait de notre mieux pour satisfaire les réclamants. Et lorsqu'en dernière analyse, on constate que les clients qui n'étaient pas débiteurs, d'après leurs comptes-courants, n'avaient pas remis à la Caisse pour plus de 200 mille francs de titres, je ne crois pas que l'on puisse m'en faire une charge, car il est certain que leurs droits n'auraient pas été lésés.

M. le président. — Seulement, vous n'avez pas pu leur rendre leurs titres lorsqu'ils les ont réclamés.

M. Mirès. — Mais il n'y a pas eu de préjudice. Mes actionnaires seuls ont souffert ; mais je consacrerai ma vie tout entière à leur faire rentrer ce que, par la force majeure des choses, ils ont pu perdre.

M. le président. — Reste le point du chemin de fer de Sarragosse à Pampelune. A ce sujet nous n'avons pu entendre aucun témoin. Nous ne nous étendrons pas davantage sur les faits précédents, mais nous vous demanderons quelques explications sur celui-ci.

M. le président. — Quelle est la date du traité passé avec M. de Salamanca ?

R. Le 16 août 1859.

D. A quelles conditions achetiez-vous ?

R. M. de Salamanca me vendait à raison de 145,000 fr. par kilomètre.

D. Et vous revendiez à vos actionnaires à raison de 200,000 fr. le kilomètre. Vous réalisiez ainsi un bénéfice considérable.

R. Mais je conservais une responsabilité énorme. Le chemin n'était construit qu'au tiers. Il ne faut pas oublier non plus que M. de Salamanca avait recours sur moi pour l'exécution de mes engagements. Je lui ai payé un à-compte de 8 millions, et je lui redois 27 millions.

D. Comment est-il possible que des actionnaires sérieux aient approuvé la cession à raison de 145,000 fr., à Mirès, d'un chemin souscrit primitivement par M. de Salamanca à 200,000 fr., et revendu par

M. Mirès à ses actionnaires 200,000 francs. — Quels étaient donc les actionnaires qui composaient cette assemblée ?

R. Je n'ai pas leurs noms ; mais je sais qu'ils étaient au nombre de 70 ; l'assemblée s'est réunie et a voté le 11 octobre 1859. — Du reste, les entreprises industrielles ne sont pas régies en Espagne par le même régime qu'en France.

M. le président. — Tout en réservant ceci, je dois dire que les actionnaires de Pampelune ont été trompés en ce qu'ils croyaient leurs capitaux affectés à la construction d'un chemin de fer à raison de 200,000 fr. le kilomètre.

INTERROGATOIRE DE M. DE CHASSEPOT, ET DE M. DE PONTALBA, MEMBRES DU CONSEIL DE SURVEILLANCE.

M. de Chassepot était membre du Conseil de surveillance. Il avait dans la caisse un intérêt de 250,000 fr. environ. Il avoue qu'il a considéré comme un bénéfice légitime et acquis la répartition des 8 millions prélevés comme commission sur les chemins Romains et celle de 9,500,000 fr. sur celui de Pampelune.

M. de Pontalba est aussi entendu. Il dit qu'il s'en rapporte entièrement à ce qu'a dit M. de Chassepot. Quant à lui, il a presque constamment été en voyage pour les affaires de la Société, et il ne peut avoir surveillé la comptabilité à Paris.

AUDIENCE DU 2 JUILLET.

L'audition des témoins à décharge continue.

MM. Rostang, banquier, Couturier, banquier aussi ; Millès, ancien chef de comptabilité de la Caisse, sont entendus à la requête du prévenu pour déposer que l'emprunt ottoman s'est effectué dans les meilleures conditions, et que ç'a été une excellente affaire qui devait rapporter de gros bénéfices à la Caisse, si l'arrestation de M. Mirès n'eût pas arrêté ce succès à son début.

M. de la Hante, autre témoin à décharge, revient sur les explications données hier à propos du chemin de Pampelune dont il est administrateur.

M. le président. — Il n'y a plus de témoins ?

L'huissier.—Non, monsieur le président.

M. le président. — Mirès, reconnaissez-vous comme s'appliquant à vous deux condamnations prononcées à Bordeaux, l'une le 22 juillet 1836, à 16 fr. d'amende pour injures, l'autre le 11 janvier 1837, pour outrages à un fonctionnaire ?

Le prévenu. — Ces condamnations sont bien légères, monsieur le président ; j'étais jeune alors. Je m'étais laissé aller à des mouvements de vivacité excusables chez un jeune homme.

M. le président. — Vous avez également, en 1847, été traduit en Cour d'assises pour blessure faite à votre frère. Mais vous avez été acquitté.

R. Oui, monsieur.

M. le président. — Monsieur l'avocat impérial a la parole.

M. Sénart se lève. — Messieurs, dit-il, le 17 février dernier, le banquier Mirès était arrêté. Cette arrestation prenait les proportions d'un événement public, d'une catastrophe financière. Elle atteignait le crédit public dans de nombreuses opérations créées et dirigées par le prévenu ; elle atteignait la fortune d'un nombre immense de capitalistes de tous les rangs et de tous les degrés. Aussi fut-elle accompagnée d'une explosion de plaintes et de récriminations, dont l'écho eut un grand retentissement.

C'était donc un fait considérable.

La justice en avait mesuré la portée ; soigneuse des intérêts de tout genre, elle avait d'abord reculé devant cette mesure. Elle avait d'abord voulu tout concilier. Elle ne se décida qu'à la dernière heure à étendre sa main sur l'inculpé.

C'était le 5 décembre que la dénonciation était parvenue au parquet. Le 14 décembre une information fut commencée ; le 15, il y eut une descente judiciaire dans les bureaux de M. Mirès ; le 17, l'inculpé fut mandé devant le procureur impérial.

En même temps, la justice avertissait Mirès que les scellés apposés chez lui seraient transformés en un simple séquestre qui permettrait de continuer la suite des opérations de la maison.

Jamais ces mesures n'ont été désavouées, jamais l'investigation de la justice ne s'est arrêtée, mais en même temps, elle voulait donner la preuve qu'elle voulait autant que possible sauvegarder les intérêts confiés à la maison Mirès en agissant avec lenteur et modération.

Le 18 décembre, Mirès comparaissait devant M. le juge d'instruction et le 24 un mandat d'arrêt était lancé contre l'inculpé.

M. le procureur impérial, toujours dans cet esprit de sagesse et de modération dont il a été animé, écrivait à cette occasion à M. le préfet de police une lettre dont voici le texte :

« Paris, 26 décembre 1860.

« Monsieur le préfet,

« J'ai eu l'honneur de vous faire connaître, le 14 de ce mois qu'une information allait être ouverte pour vérifier une inculpation d'abus de confiance, d'escroquerie et de faux en écriture de commerce, portée contre le banquier Mirès. L'instruction a été conduite avec la réserve que commandait l'importance des affaires dirigées contre l'inculpé, les vérifications ont été renfermées dans les plus étroites limites, mais déjà cependant elles ont produit de graves résultats, et si je tiens à éviter tout ce qui, par l'éclat des poursuites ou la précipitation des mesures rigoureuses, pourrait exercer une fâcheuse influence sur le crédit public, je ne tiens pas moins à remplir d'une manière complète les devoirs de répression que la loi confie à ma responsabilité.

« Si je suis bien informé, les affaires du banquier Mirès seraient dans la situation la plus critique, son crédit seraient profondément atteint ; à la Bourse, sa déconfiture serait considérée comme imminente, et l'insuccès de l'emprunt ottoman pourrait en avancer l'heure.

« Je sais de quel poids une arrestation immédiate pourrait peser sur une situation à laquelle se rattachent de nombreux et de grands intérêts. Je suis résolu à observer encore la même mesure, et à concilier autant qu'ils peuvent l'être les devoirs de la poursuite et les exigences du crédit public. Mais j'ai besoin, monsieur le préfet, que vous me veniez en aide pour l'accomplissement de cette tâche difficile et délicate. Il importe à la dignité de la justice et à l'honneur du même gouvernement qu'un homme placé à la tête de si grandes affaires ne puisse pas, à la veille de sa chute, disparaître en laissant derrière lui la ruine de tous les intérêts liés à sa fortune. Sa fuite et son impunité soulèveraient contre le gouvernement de l'Empereur les amères et les plus violentes clameurs.

« Je suis sûr que vous sentirez tout cela comme je le sens moi-même, et je vous prie de faire exercer sur le banquier Mirès la surveillance la plus active et la plus exacte. Un mandat d'arrêt a été, sur mes réquisitions, décerné par M. le juge d'instruction Daniel, et aussitôt que le moment sera venu, il pourra être mis à exécution. Permettez-moi de compter à cet égard sur le bon et loyal concours auquel vous m'avez habitué.

« Agréez, etc.

« Le procureur impérial,
« CORDOEN. »

A la suite de l'information, on reconnut que les faits reprochés à Mirès étaient vrais. L'arrestation eut lieu ; le 17 février, Mirès fut conduit à la prison Mazas.

L'émotion fut grande. On voulut rattacher à cette catastrophe des suppositions et des craintes d'une nature si grave, que le chef de la magistrature lui-même crut devoir rassurer les esprits par la circulaire suivante :

« Tout le monde en France, a dit M. le garde des sceaux, amis, ennemis, indifférents, tout le monde sait et proclame qu'aucune considération ne détourne le magistrat de son devoir ; que devant lui, comme devant la loi, tous les citoyens sont égaux, et qu'il exerce avec modération et réserve son redoutable ministère ; les coupables jamais n'échappent à son action, pénétré qu'il est de la salutaire pensée que si les nécessités de la répression sont parfois douloureuses, l'impunité des fautes reconnues est un déshonneur pour la justice, un danger pour la société. »

L'opinion publique s'exalta d'abord

contre celui qui provoquait d'aussi vives préoccupations. Un concert de reproches, d'injures, de récriminations s'éleva contre lui.

Puis tout à coup, ces clameurs se sont apaisées, un revirement subit s'opéra dans les esprits. Celui qui tout à l'heure était représenté comme un audacieux escroc, était maintenant un grand esprit que la fougue de son imagination, la hardiesse de ses conceptions avait entraîné à des erreurs funestes.

C'est au milieu de ces émotions que la justice eut à remplir son rôle.

Avec cette impartialité qui discerne le coupable de l'innocent, elle fit ses recherches. Rien n'a échappé à ses investigations ; elle a tout scruté, et après cet examen, elle n'a trouvé que deux hommes qu'elle dût déférer à votre justice.

S'il en est d'autres qui aient à répondre devant leur conscience d'actes que réprouvent la délicatesse et l'honneur, deux seulement lui ont paru avoir à répondre de délits au point de vue de la loi.

Mirès et Solar, voilà les seuls coupables.

Voyons d'abord ce que sont ces deux hommes ; sur quelle pente ils ont glissé pour arriver jusqu'ici.

Chez l'un, une ambition sans bornes, dominait tout autre sentiment. Il voulait parvenir, monter toujours plus haut, afin de satisfaire sa passion orgueilleuse.

Chez l'autre, l'ardeur des jouissances sensuelles étouffait les qualités honnêtes, dénaturait les bons instincts.

Étaient-ils capables de ces hautes et fermes prévisions qui impriment aux grandes choses une direction habile, constante, et tournée vers le bien ? nullement.

L'un, d'un caractère sans mesure, d'une violence qui s'éveillait au moindre choc, d'une présomption qui lui faisait repousser toute opinion contraire à la sienne, ne pouvait avoir de ces vues dont nous venons de parler ; c'est Mirès.

L'autre qui devrait se placer à côté de lui, Solar, avait une intelligence plus réelle, un discernement plus exact de ses actes, qui le rendaient supérieur à Mirès, mais toutes ses facultés se tournaient vers le plaisir, à l'attrait duquel il ne savait résister.

Voilà donc entre quelles mains se trouvaient placés des intérêts immenses, si l'on envisage l'importance des sommes qu'ils représentaient.

Je n'ai point ici à rechercher le passé de Mirès ; je ne veux m'occuper que de la période de temps pendant laquelle il a été mêlé aux affaires qui ont eu pour lui une si déplorable issue !...

C'est en 1849 qu'il a commencé à jouir d'une certaine célébrité ! C'est de cette époque que date le grand mouvement industriel et financier qui a enfanté tant d'entreprises gigantesques.

Mirès vit ce mouvement. Il discerna dans la foule cette soif des avantages matériels qu'elle ne pouvait satisfaire, retenue qu'elle était par ses craintes et son ignorance, tandis qu'elle était aiguillonnée par sa cupidité.

Il vit dans l'annonce une puissance nouvelle dont l'aurore se levait, et dans la réclame un moyen énergique et fécond pour lancer ses conceptions financières.

Mû par ces idées, il acheta le *Journal des chemins de fer*. 1,000 fr. ou 1,200 fr. furent le prix dont il paya cet instrument de sa fortune. Voulez-vous voir ce qu'il fit de ce moyen de publicité ? Une lettre écrite, sans date, par Mirès à un financier célèbre, à M. Pereire, nous le dit.

Mirès à M. Pereire,

« Si j'ai reconnu avec franchise vos services, vous ne trouverez pas mauvais que je rappelle ce qu'a été dans mes mains le *Journal des Chemins de fer*. J'en ai fait un instrument à votre usage. J'ai soutenu toutes les affaires dans lesquelles vous étiez engagé ; j'ai attiré sur moi non-seulement des haines puissantes qui ont mis mon existence en péril, mais de plus il en est résulté pour moi une très-grave déconsidération, car personne n'a jamais supposé que c'était un sentiment d'affection et de reconnaissance pour vous qui me maintenait dans la voie où j'étais engagé. »

Nous nous rappelons nous-mêmes avoir vu à cette époque, à la quatrième page des journaux, des réclames pompeuses qui annonçaient des dividendes de 30 et 40 pour cent.

C'est ainsi qu'il faisait appel aux capitaux individuels qu'il réunissait dans une commandite puissante, pour donner l'essor à tous les grands travaux, aux plus vastes conceptions de la science moderne.

Sa prospérité financière prit une rapide extension. Il eut entre les mains, dans une proportion inouïe, l'argent, ce levier puissant qui soulève tout.

Qu'ont fait Mirès et Solar de cette puissance dont ils disposaient ? Je n'ai point à examiner quels résultats matériels ils ont obtenus ; c'est la moralité de la question que j'interroge.

Comment pourrions-nous accepter ce système à l'aide duquel le prévenu a essayé d'établir qu'il existait deux morales, l'une simple et imposée au vulgaire, l'autre élastique et se prêtant aisément aux combinaisons financières.

Non, messieurs, l'honnêteté, la probité sont une, comme la vérité, la justice ; elles sont absolues et nul ne nous persuadera qu'elles peuvent être dénaturées par un compromis avec la fraude et le préjudice causé à autrui.

Mirès et Solar ont-ils été les gardiens vigilants de cette honnêteté ?

Tel est le débat.

Où est le sentiment, la probité, la moralité dans leurs actes ?

Leur pensée intime se dévoile dans les faits qui viennent de se dérouler devant vous.

Mirès avait une fortune à peine commencée ; Solar était sans fortune personnelle. Qu'ont-ils fait ?

Ils ont annoncé avec fracas, lancé avec audace des entreprises considérables. Puis comme ils ne pouvaient étreindre d'aussi vastes desseins, une direction molle a succédé à tout le mouvement qu'ils avaient fait autour d'eux.

Mirès par la violence de son caractère éloigna tout d'abord d'auprès de lui un homme d'une capacité remarquable, M. Raynouard, qui avait quitté une haute position à Marseille pour devenir secrétaire général de la Caisse des chemins de fer aux appointements de cent mille francs par an.

M. Raynouard écrivit à Mirès en se séparant de lui :

« Paris, 2 février 1860.

« Mon cher Mirès,

« Puisque les violences de votre caractère rendent de plus en plus impossible toute explication verbale avec vous, je me décide à vous dire ma pensée par écrit. La position de collaborateur auprès de vous n'est plus supportable ; la contradiction vous irrite au point de vous faire sortir chaque jour de la mesure des convenances les plus usuelles ; votre aversion instinctive pour la légalité, vous rend antipathiques les légistes qui vous disent franchement leur opinion.

« Mon amitié dévouée a supporté longtemps cet état de choses, des circonstances récentes viennent de combler la mesure et ma patience est à bout. »

Eh bien ! dit M. l'avocat impérial, nous nous demandons si c'est contre la légalité qu'existait cette aversion ; si ce n'est pas plutôt contre l'honnêteté ?

C'est une aversion froide et calculée et non pas instinctive. C'est le projet formé et mûrement préparé d'arriver au gain par la spoliation.

Que voyons-nous, en effet, se passer dans cette Caisse de M. Mirès ?

On invite les actionnaires à y déposer leurs titres. On annonce que l'on reçoit des dépôts ; on tient une caisse des dépôts ; elle est placée entre les mains d'un employé spécial.

Et cependant, de longue main, on prépare la violation des dépôts. On confond les titres pêle-mêle dans la caisse ; dans quel but ? dans quelle intention ? n'est-il pas aisé d'apercevoir la fraude ?

Les principes élémentaires du droit nous disent que le propriétaire d'un titre ainsi déposé conserve son droit sur l'objet qui est déterminé, qui ne doit pas être changé, qui est indisponible.

C'est un contrat usuel qui se pratique à chaque instant et sur lequel il n'y a pas la moindre difficulté d'interprétation.

Ces règles et ces obligations, écrites dans la loi, Mirès et Solar les connaissaient, mais ils n'en avaient nul souci.

Sous les dispositions destinées en apparence à rassurer les clients, se cachaient des embûches dans lesquelles ils devaient tomber.

Ils s'étaient endormis pleins de confiance dans la solidité de la maison de banque à laquelle ils avaient confié leurs fonds, et ils se sont réveillés au milieu d'une ruine inattendue.

Quels exemples vous instruiront mieux que ceux que je vais citer :

M. Courtois avait reçu 10,000 fr. Les titres valaient et ont été vendus 23,000 fr.

M. le colonel Danner a reçu 110,000 fr. Ses titres ont été vendus 233,000 fr.

Les gérants ont-ils espéré que cette violation de la propriété d'autrui vous échapperait. Ils ont cherché à la dissimuler au moyen de précautions prises à l'avance, mais vous saurez discerner la fraude.

Pendant que M. l'avocat impérial fait entendre sa parole, M. Mirès donne des signes visibles d'agitation nerveuse. Son visage devient livide. Il dit quelques mots à l'huissier, puis s'adressant au président, il le prie de l'excuser et de lui permettre de se retirer quelques instants, tout en laissant continuer l'avocat impérial.

M. l'avocat impérial. — Non, non, autant que personne ici vous devez m'écouter ; je ne continuerai pas si vous vous retirez.

M. le président. — Il est plus simple de suspendre l'audience pendant un quart d'heure.

Après un quart d'heure d'interruption, l'audience est reprise.

Vous avez vu, dit M. l'avocat impérial, comment Mirès et Solar avaient vendu les titres déposés dans la Caisse des chemins de fer. Ils continuaient néanmoins à envoyer soigneusement à tous les clients des bordereaux trimestriels de leur situation.

Mais une pareille fiction ne pouvait se prolonger indéfiniment. On ne pouvait toujours entretenir les actionnaires dans cette erreur. Quel moyen employer pour sortir d'embarras ? Mirès et Solar crurent l'avoir trouvé dans l'occasion de la guerre d'Italie. Une baisse se manifeste à cette époque sur toutes les valeurs financières.

Les deux associés vont la mettre à profit. Ils exécutent leur opération dans le secret. M. Barbet de Vaux, mis seul dans la confidence, refuse son concours pour une œuvre qui lui paraît frauduleuse. N'importe, elle aura lieu quand même. Le 30 avril, le 2 et le 3 mai, Mirès et Solar font vendre fictivement les actions à la Bourse. Le lendemain, Osiris Iffla, leur courtier, les rachète aussi fictivement. La formalité était accomplie. Les gérants annoncèrent alors aux clients la vente de leurs titres. Ils lancèrent la circulaire suivante :

Monsieur, nous sommes en présence d'événements graves dont on ne peut prévoir l'issue; il nous a paru prudent, pour vous comme pour les intérêts que nous représentons, de vendre à la Bourse de ce jour les valeurs dont le bordereau est ci-contre.

Dans la prévision d'une baisse générale plus forte, veuillez nous adresser l'autorisation de reprendre ces valeurs au mieux de vos intérêts. Vous pouvez compter que nous nous préoccuperons de votre situation et que nous mettrons nos soins à saisir le moment opportun où vous pourrez rentrer avec avantage dans ces valeurs.

Cette lettre est de Mirès ; il vous l'a dit lui-même à l'occasion de la déposition de M. Mallart, son chef de correspondance.

Ce fut chez les clients une stupéfaction générale, à laquelle succéda bientôt une exaspération qui se traduisit chez les uns par des menaces, chez les autres par des plaintes. Quelques-uns écrivent. Nous avons là plusieurs lettres dont nous allons donner lecture au tribunal. La première est de M. Cochereau.

Avranches, 3 mai 1859.

J'ai reçu vos malheureuses circulaires en date des 30 avril et 2 mai dernier, qui m'annoncent l'exécution par trop arbitraire dont je viens d'être victime à votre Caisse. Comme rien dans la position de mon compte ne vous autorisait à prendre subitement un parti aussi désastreux pour mes intérêts, vous deviez, au préalable, me mettre en demeure d'apporter quelque changement à ce compte, si par les circonstances actuelles vous le trouviez susceptible d'être modifié. L'acte que vous venez d'exercer à mon égard est inouï et heureusement sans précédent; c'est en quoi je ne l'accepte pas, et vous allez avoir à en supporter toutes les conséquences.

Nos rapports ensemble doivent à l'instant cesser, et je vous invite, dans le plus court délai, à m'adresser par la poste et dans un pli cacheté les valeurs qui vous restent en dépôt m'appartenant. Grâce à vos indignes exécutions, je suis à l'heure qu'il est créditeur de votre Caisse. Cette position ne peut me convenir, et je désire que mon compte courant soit arrêté valeur 24 courant, afin que je puisse disposer aussitôt du solde me revenant, sur lequel vous aurez à ajouter l'erreur de 480 fr. à mon préjudice que je viens de vous signaler et que vous venez de reconnaître. J'aperçois encore une nouvelle erreur, et toujours à mon préjudice, dans votre bordereau du 30 avril.

L'empressement que vous avez mis dans vos exécutions ne vous a pas laissé le temps de chiffrer juste leurs désastreux résultats.

En voici une autre :

Je vous ferai observer, messieurs, que lorsque vous avez cru devoir m'exécuter à la Bourse des 30 avril et 2 mai dernier, mon compte était débiteur chez vous d'environ 25,300 fr., et que vous aviez alors au cours du jour en nantissement pour plus de 58.000 fr. de valeur de tout repos, parmi lesquelles figuraient 20 actions de la Banque de France.

... Passons à votre deuxième exécution, à celle du 2 mai. Vous me faites vendre encore au cours le plus bas qu'elles soient tombées, 10 actions de la Banque de France, de l'établissement le plus solide, le plus respectable, le mieux organisé qu'il y ait en Europe, et dont les antécédents sont là pour constater toute sa valeur et son immense crédit. Un établissement comme le vôtre, messieurs, devrait être le plus ferme soutien de la Banque de France, et non pas le déprécier en discréditant ses actions.

Allons, allons, messieurs, vous avez eu tort en croyant que je me laisserais ainsi tondre sans me récrier bien haut. J'espère que ma voix ne sera pas impuissante pour se faire entendre au Tribunal de commerce de la Seine, et c'est là que je vais vous attendre.

Quelques-uns avaient pris au sérieux l'offre contenue dans la lettre de racheter leurs titres. Ils écrivent de le faire ; on leur demande alors de nouveaux fonds. Ils s'aperçoivent alors qu'ils ont été dupés et ils se retirent en proie au désespoir.

De pénibles scènes ont alors lieu dans les bureaux de M. Mirès. Les uns crient : Je suis ruiné ! Les autres : Il m'a réduit à la dernière misère !

Vous les avez entendus ici jeter à la face de Mirès le reproche de leur ruine et lui infliger ce douloureux affront, premier châtiment de son délit. Vous avez entendu M. Thierry lui dire : « Ma pauvre femme « est morte du chagrin que lui a causé « notre ruine. Vous le savez bien, M. Mi- « rès ! »

Et le cocher Petit-Jean : « C'est affreux, « M. Mirès, de nous avoir ainsi privé du « pain de notre vieillesse, du fruit de notre « travail de vingt-cinq ans ! »

Ah ! quelle est la fortune mal acquise, quelque immense qu'elle soit, dont la jouissance ne serait empoisonnée par d'aussi cruelles paroles !

Écoutez ce qu'écrit une vieille domestique :

Monsieur,

Je viens vous rappeler dans quelle position ces messieurs m'ont mise en vendant mes titres; ils m'ont réduite à la misère. J'ai écrit deux fois à M. Mirès; je lui demandais sa protection pour entrer aux Incurables. Là j'aurais eu du pain sur la planche. J'aurais pu gagner quelque chose pour m'acquitter. J'ai bien de la peine à gagner de quoi vivre.

Je viens vous prier, monsieur, de dire à ces messieurs de ne pas me rappeler mon malheur. Je n'ai que mon pauvre petit ménage. Ils ne viendraient pas m'en dépouiller. Il n'y aurait pas pour les frais.

Voilà donc une malheureuse femme que l'on a dépouillée, qui sollicite une protection pour aller à l'hôpital où on l'a réduite.

Ah! vous avez été généreux, dit-on; vous avez eu la main ouverte pour ceux qui venaient vous solliciter. Oui, vous avez répandu des largesses, mais c'était l'argent des malheureux que vous distribuiez de la sorte; c'était celui de cette vieille servante, celui de ce cocher, de ce pauvre commissionnaire devenu fou. De pareils bienfaits peuvent-ils vous être comptés!

Vous avez vendu pour dix millions de titres. Vous n'avez accusé qu'un produit de six millions. C'est donc un bénéfice de quatre millions que vous avez réalisé. A la vérité, vous avez restitué treize cent mille francs; mais le fait monstrueux n'en subsiste pas moins avec tous les caractères de l'escroquerie. Qu'est-ce que cette offre qui termine la circulaire, sinon une manœuvre? Et cette opération fictive, faite à la Bourse par Osiris Iffla, n'est-ce pas une manœuvre destinée à donner un semblant de légalité à cette négociation? Je vois là des promesses chimériques, des manœuvres frauduleuses exercées contre des gens dont la confiance a été trompée.

Vous avez entendu les explications au moyen desquelles on veut dénaturer les faits. Ainsi, les titres déposés seraient des billets de banque, une marchandise sans caractère de propriété individuelle dont on peut disposer à volonté? Non, les titres ne sont pas des billets de banque; la loi vous le dit, la raison vous l'apprend aussi.

Et lors même que ce seraient des billets de banque, vous n'auriez pas eu le droit de les faire sortir de la caisse où ils avaient été placés en dépôt. Or, ne savez-vous pas que l'on dit: sacré comme un dépôt? Tel est le langage des honnêtes gens. Jamais on ne nous persuadera qu'il existe une autre loi qui gouverne les actes des banquiers.

M. l'avocat impérial discute ensuite le fait au point de vue des diverses situations qu'il aurait pu créer aux clients. Qu'une faillite ait lieu, et, d'après votre système, le déposant sera le débiteur ou le créancier de la faillite, suivant qu'il sera en crédit ou en débit vis-à-vis de la Caisse.

Non, les choses ne peuvent être ainsi interprétées. Les déposants auraient le droit incontestable de se présenter et de dire: Rendez-moi mes titres; je ne suis ni votre créancier ni votre débiteur.

Devrons-nous avoir égard à cette justification de Mirès qui vient nous dire: Ma bonne foi dans cette affaire était entière. Je le prouve en vous apprenant que moi-même j'ai fait une opération semblable pour mon compte personnel, à la même époque, et j'ai perdu plus de deux cent mille francs? Soit, mais ce fait détruit-il l'autre? Le préjudice que je supporte efface-t-il celui que j'ai causé à mon voisin? Non, sans doute.

Et j'irai plus loin. Il y a dans le moment choisi par M. Mirès pour effectuer ses négociations de Bourse un à-propos merveilleux. Il a vendu au moment où la baisse était à son extrême limite. Qui donc l'avait faite cette baisse? Cherchez à qui le fait profite, dit un axiome.

Six jours après, la crise était passée et la hausse se faisait sentir. Cette précision ne démontre-t-elle pas que la négociation n'était pas fictive. On nous a dit que la Caisse se serait trouvée à découvert. Cette allégation tombe lorsque l'on sait que la vente n'était que fictive. Car la caisse n'avait pas à être couverte; elle avait dû l'être par la vente faite longtemps auparavant à des cours bien supérieurs à ceux du mois d'avril.

Ainsi donc, on ne peut invoquer ni la protection des intérêts de la Caisse, ni l'intérêt des clients. On ne peut pas dire, en effet, qu'il en soit résulté un bien pour ceux-ci; d'abord, on ne les a pas consultés et ils étaient les premiers juges en pareils cas; ensuite, l'accusation accomplie, presque tous ont déclaré qu'ils auraient fourni de nouvelles couvertures.

Quelques-uns ont été, il est vrai, remis en possession de leurs titres, mais ils sont bien peu nombreux; je vois M. de Saint-Priest, les clients de M. Deits, qui ont employé des moyens rigoureux devant lesquels on a cédé; mais le grand nombre, la multitude, qui ne s'est pas crue de force à lutter contre la montagne d'or que figurait à leurs yeux la maison Mirès, ceux-là ont été sacrifiés.

Un autre travail de réintégration a été commencé, sous l'inspiration du successeur de M. Raynouard, M. Auguste Avond; mais il n'était plus temps, les poursuites étaient commencées, et on ne peut savoir aucun gré au prévenu de cette tardive tentative de réparation.

M. Avond, il est vrai, a prétendu que la justice avait promis, à cette condition, de suspendre son action. Nous ne pouvons que répéter que jamais une assurance pareille n'a été donnée. On a changé les scellés en un séquestre, afin de ne point léser des intérêts privés; c'est tout ce qui a été fait.

A cette époque, au reste, le vide avait

déjà commencé à se faire autour de Mirès. M. Raynouard le premier l'avait abandonné ; M. Barbet de Vaux, à son tour, avait résigné ses fonctions ; Solar, lui aussi, prévoyant l'avenir, s'était retiré ; Mirès sentait qu'il lui fallait à côté de lui le nom et l'influence d'une renommée pure. Il choisit M. Avond, qui, désertant la carrière du barreau, devint secrétaire général aux appointements de 40,000 fr. par an.

Qu'était M. Avond dans cette position ? Un instrument entre les mains de Mirès ; sa susceptibilité à l'égard des exécutions est la condamnation des actes de Mirès.

Voilà donc ce point vidé. Reste celui des titres qui se trouvaient dans la Caisse, non pas comme couvertures de comptes-courants, mais comme simples dépôts, soit pour servir à toucher les intérêts, soit pour tout autre mandat.

Les a-t-on respectés, ceux-là ?

La caisse des titres en contenait plus de 21,000 appartenant soit à la caisse, soit à divers particuliers. Elle était confiée à M. Roger, dont vous avez entendu la déposition.

Au mois d'août 1857, Mirès, à l'insu de tout le monde, se fait remettre 1,000 titres. Il vous a dit qu'il avait agi dans le secret pour ne pas compromettre l'opération de Bourse qu'il préparait. Peu nous importe le prix auquel il a vendu ces actions ; ce n'est pas ce que nous recherchons ; mais nous devons dire qu'il a ainsi agi secrètement, parce qu'il savait qu'il commettait une action frauduleuse qu'il devait cacher. Mirès s'est ainsi fait remettre et a vendu jusqu'à 12,608 titres dont il a perçu le prix. Ce que voyant Solar, il a suivi l'exemple de son gérant et il s'est fait remettre par le caissier des titres 8,230 actions. Il les a vendues comme Mirès, et comme lui en a perçu le prix.

Maintenant, à quel cours les ont-ils vendus ? Nous ne pouvons le savoir ; la seule indication que nous possédions à ce sujet est la prise en note par le caissier du jour où il remettait les divers titres. Nous avons consulté le cours de la Bourse à ces dates et nous avons trouvé une somme de 8 millions répartie de la manière suivante : 4 millions 800 mille fr. à Mirès et 3 millions 200 mille fr. à Solar.

Les deux gérants avaient fait cette vente en vue de faire une spéculation de Bourse et de racheter à la baisse les actions qu'ils avaient vendues à la hausse.

C'est ce qu'ils firent en effet, et ils rachetèrent peu à peu, de façon à ne pas produire la hausse par des demandes trop considérables.

Ils touchèrent de la sorte 4 millions 800 mille fr. Mirès eut pour sa part 3 millions 600 mille fr. ; Solar, 1 million 200 mille fr.

Ils réintégrèrent les titres, sauf une quantité de 10,000 que Mirès trouvant que la réintégration ne marchait pas assez rapidement, prit purement et simplement à son compte, au cours du jour. De ces 10,000 titres, 3,500 appartenaient à des exécutés ; il n'était pas nécessaire de réintégrer ceux-là ; mais il en restait 5,862 appartenant à la Société elle-même, et qu'on ne pouvait pas exécuter comme on l'avait fait des clients.

Il fallait apurer ces 5,862, titres Comment sortir d'embarras ? Mirès alors s'est constitué débiteur vis-à-vis de la Caisse de 5,862 titres, et a balancé ce compte en se créditant de 1,750,000 fr. représentant leur valeur. Mais il restait débiteur de la maison.

Pressé par les circonstances, il a racheté de ses deniers en Bourse à un taux plus élevé que celui auquel il les avait vendus en premier lieu 12,000 titres de la Caisse générale des chemins de fer qui, il est vrai, a bénéficié de cette hausse. Mirès vient alors présenter ce bénéfice qu'il a fait réaliser à la Société comme une compensation de celui qu'il s'était procuré à lui-même lorsqu'il avait vendu en même temps que Solar les titres qu'il s'était fait remettre par le caissier Roger.

Voilà l'opération. Est-elle légale ? Est-il permis de se servir d'un dépôt, à l'insu du propriétaire, de le faire fructifier, de s'en appliquer le produit et de le rendre à son propriétaire après l'avoir ainsi déprécié ; car remarquez bien que ces opérations ont eu pour résultat d'amener une baisse dans ces valeurs ?

On dit, il est vrai, que Mirès a tout réintégré. Il y a désaccord sur ce chiffre entre la prévention et la défense. Nous disons qu'il manque une somme de 800,000 fr. La défense ne parle que de 300,000. Solar a rapporté un million.

Les deux gérants savaient si bien qu'ils commettaient un acte frauduleux, qu'ils se sont cachés du conseil de surveillance.

Le caissier des titres s'est prêté à leurs demandes ; mais pour couvrir sa responsabilité, il s'est fait remettre des récépissés au fur et à mesure de la délivrance des titres. Ces récépissés successifs furent remplacés un jour par un récépissé général. Mais c'était là un moyen dangereux. L'un des gérants aurait pu se faire remettre les deux récépissés par le caissier et s'en faire une arme contre son cogérant. Il fut alors arrêté entre ces trois personnes que Roger ne remettrait le récépissé de Mirès qu'à Solar en présence de Mirès et celui de Solar qu'à Mirès en présence de Solar ; de cette façon chacun était gardé vis-à-vis de son cogérant.

Et nous allons voir que la précaution

avait sa raison d'être, car un jour, en l'absence de Solar, Mirès réclama son propre récépissé. Le caissier lui refusa net et lui écrivit à ce sujet la lettre suivante :

5 juillet 1860.

Mon cher monsieur,

J'attendrai l'autorisation de S... pour mettre en vos mains la pièce que vous me demandez; je lui écris ce soir même.

Je ne peux être moins dévoué et moins loyal envers S... que je le serais envers vous; je lui ai promis de ne vous rendre son reçu qu'avec son assentiment, et je ne lui aurais pas rendu le vôtre sans votre approbation; je crois me conduire honnêtement en cette affaire et j'aurai votre approbation, car en m'appelant vers vous, vous avez avant tout recherché l'homme honnête.

Comptez sur mon entier dévouement toujours.

(Signé) FÉLIX ROGER.

Que direz-vous, messieurs, de cette étrange situation de deux gérants armés l'un contre l'autre et se défiant chacun de son voisin ?

Ils ne tardèrent pas à se séparer; Solar partit sans prévenir Mirès; c'est alors que celui-ci lui écrivit, à la date du 21 juillet 1860, la lettre que nous avons citée entièrement à l'audience du 29 juin, et dans laquelle il lui disait :

Pour répondre aux menaces de révélations qui me sont faites, je vous préviens que si, dans un bref délai, vous n'avez pas soldé votre compte ou donné des garanties, et si vous n'avez pas rétabli à la caisse des titres les 1,656 actions de la Caisse que vous devez, des mesures seront prises en conséquence, et j'aurai à m'adresser à qui de droit.

Quant aux propriétaires de titres remis en dépôt, bien que M. de Germiny et les liquidateurs de la Caisse leur aient restitué des valeurs équivalentes à celles qu'ils avaient déposées, le délit n'en existe pas moins à leur égard, car on n'avait pas le droit de déplacer leurs titres.

Mirès, sur ce point, cherche à se justifier en disant qu'ils étaient en petit nombre et que sa caisse offrait une surface suffisante pour les rembourser sans difficulté. Le nombre ici ne fait rien à l'affaire. Qu'ils fussent peu ou beaucoup, qu'importe? Le délit n'en est pas affaibli.

Et de quel droit M. Mirès changeait-il la nature des rapports que ces personnes avaient voulu établir avec sa maison? De quel droit substituait-il un compte-courant à un dépôt? Y avait-il incertitude dans les déclarations des clients lorsqu'ils remettaient leurs titres? Mademoiselle Grandjean partant en voyage et laissant en dépôt ses valeurs dans la caisse de M. Mirès, avait-elle entendu établir un compte-courant entre elle et cette Caisse? Non, ni elle, ni tant d'autres placés dans la même situation.

Et la garantie dont vous parlez, n'a-t-elle pas disparu avec la liquidation. A quoi se réduisent toutes vos opérations? A la ruine!... Où sont vos commissions, vos bénéfices, les résultats de vos spéculations? Ils sont engloutis sous votre passif! Voilà le résultat de vos jeux de Bourse. Et cependant, vous aviez donné l'assurance à vos clients que vous vous interdisiez formellement tout jeu de bourse. Que leur disiez-vous, le 27 avril 1858, dans une assemblée générale? — Ecoutez, Messieurs, et vous verrez quelle distance il y a des promesses aux actes.

M. l'avocat impérial lit :

L'opinion publique attribue à toutes les sociétés financières une action incessante est une influence prépondérante sur le marché des fonds publics. On croit qu'elles font plus d'affaires à la Bourse que d'affaires profitables à l'industrie et aux intérêts généraux . . . .

En ce qui nous concerne, un examen, même superficiel des opérations que nous avons faites (depuis que l'augmentation de notre capital social nous a permis d'aborder les grandes entreprises d'utilité publique), suffit à démontrer matériellement que nos capitaux et notre action se sont portés dans la voie féconde de la grande industrie, de celle qui crée la richesse d'un pays en y suscitant le travail, et qui fait également la fortune de ceux qui s'y consacrent.

Nous aurions cru manquer à nos devoirs, comme citoyens, à vous-mêmes et à tous, si nous avions compris autrement notre mission, et si nous nous étions détournés de cette voie pour nous livrer exclusivement à des spéculations stériles pour la prospérité du pays.

Et encore :

Pensez-vous que le simple exposé de ce que nous avons accompli réponde avec assez d'énergie à cette accusation de spéculation qu'on jette indistinctement à tous les établissements financiers, mais qui est manifestement injuste lorsqu'elle s'adresse à nous?

A quoi les avez-vous appliquées vos forces et votre intelligence? Est-ce à des entreprises fécondes ou à des spéculations désastreuses! Tenez, Messieurs, vous allez en juger. J'ai sous les yeux un document qui porte, qu'en 1857, Mirès avait spéculé sur une somme de sept cent vingt millions.

Mirès. — Non, monsieur le substitut.

M. l'avocat impérial. — Je vous demande pardon. J'ai les chiffres sous les yeux. Vous faisiez des opérations de Bourse et vous vous en appliquiez les bénéfices.

Mirès. — Je n'ai jamais joué.

M. l'avocat impérial. — Nous savons le contraire par M. de Pontalba, par M. Solar.

Mirès. — C'est une calomnie indigne !

M. l'avocat impérial. — Si c'est une calomnie, qu'elle retombe sur ceux qui en sont les auteurs !

C'est la seconde fois que le prévenu répond à M. l'avocat impérial dans son réquisitoire. Jusque-là il a pu contenir son agitation, mais on voit que ses forces sont à bout et qu'il n'est plus maître de lui. Il est en proie à une extrême surexcitation nerveuse. Tout à coup il se lève et s'écrie : « Je suis victime d'un complot préparé d'avance... Oui, on a résolu de me perdre... Puis, montrant M. Monginot l'expert qui est assis sur le banc, au-dessous du siège de M. l'avocat impérial, il dit : « C'est là l'homme que l'on a choisi pour me perdre. Il est arrivé chez moi en disant... je suis envoyé pour perdre Mirès.

Cet incident cause une émotion extraordinaire dans l'auditoire.

M. Monginot se lève pour répondre à Mirès.

« C'est une infamie, lui crie-t-il. »

Me Plocque et Me Mathieu s'efforcent de calmer celui-ci ; mais leurs efforts sont vains. Mirès leur répond : « Vous m'avez perdu !.... Vous n'avez pas voulu laisser venir ici les six témoins qui l'ont entendu. »

M. le président.—M. Mirès, calmez-vous.

Mirès se rassied et cache sa tête dans ses mains ; il est en proie à une violente crise nerveuse. Il s'agite et pousse des cris étouffés.

M. l'avocat impérial. — La position du prévenu est douloureuse, sans doute ; mais nous n'entendons pas l'empêcher en rien de se défendre à ce sujet. Il sera libre de dire tout ce qu'il jugera utile à sa cause.

Mirès. — Je demande une enquête ! Je veux une enquête ! Je le répète, six témoins ont entendu M. Monginot prononcer ces paroles.

M. Monginot. — Jamais je n'ai tenu un pareil propos.

Mirès. — Si, vous l'avez dit !.... Monsieur le président, je vous en prie, faites retirer cet homme de devant moi ; sa présence me met au supplice !

M. le président. — Allons ! calmez-vous, Mirès.

M. l'avocat impérial reprend son réquisitoire.

Il entre dans l'exposé de l'entreprise des ports de Marseille ; idée grande assurément, et qui devait produire d'immenses résultats, puisqu'il s'agissait de créer une nouvelle ville auprès du port de la Joliette récemment construit, et où viennent s'abriter l'innombrable quantité de navires de toutes les nations qui se rendent à Marseille. Mais là aussi la spéculation a compromis l'affaire utile. Un prélèvement de cinq millions a été fait en faveur de Mirès, avant même que le prix des actions fût fixé.

M. l'avocat impérial lit une lettre d'un sieur Ribaud relative à cet incident.

Lyon, 13 juin 1859.

Quant au deuxième compte rendu, relatif à la Société des Ports de Marseille, il y existe un chiffre au passif que je n'ai pu comprendre ; et si je ne pensais pas mésuser de votre obligeance, je vous prierais de vouloir bien, dans votre première, m'en donner l'explication.

Voici ce dont il s'agit :

Vous portez au passif de la Société des Ports de Marseille :

Capital actions : 10,000,000.

Mais, si je ne me trompe, les actions sont au nombre de cent mille, et chaque actionnaire, comme je l'ai fait, a versé 150 fr. par action, cela doit faire 15 millions ?

Donnez-moi donc la clef, je vous prie, de cette différence.

Agréez, etc., etc.

A. RIBAUD.

Et, dit M. le substitut, une lettre du président de l'Assemblée des actionnaires m'apprend à l'instant ce fait : « On a pris, « écrit-il, cinq millions dans l'affaire des « Ports, et cela, à notre insu. »

La lettre suivante de Solar concerne sans doute ce fait.

Je vous le répète, il dépend de vous de nous perdre ou de nous sauver ; une accusation directe de malversation, le nom de Pereire prononcé, des allégations vagues, de l'emportement, feraient terminer brusquement l'enquête et vous perdraient dans l'esprit de M. Vuillefroy, conseiller d'Etat, commissaire, auquel on a dû dire ou l'on dira que vous êtes un énergumène.

M. l'avocat impérial lit ensuite une autre lettre relative aux chemins Romains compromis également par des jeux de Bourse :

. . . . . Enfin, mon cher Mirès, ne voyez dans tout ce que je vous dis que l'intention d'un homme qui tremble d'un désastre, le jour où on voudrait éplucher les chemins Romains.

Mirès écrivait à cette occasion à Solar :

Juin, 1860.

Si, après avoir mal dépensé des sommes si considérables pour les chemins Romains, nous ne sauvons pas ce traité (traité de fusion avec Salamanca) qui couvre notre responsabilité et la Caisse générale des chemins de fer, en assurant l'exécution du chemin avec le capital social, je vous le déclare nettement, tout peut être perdu.

Il est temps encore ; venez me donner l'appui de votre influence sur Duray et Levy, et tout sera probablement sauvegardé ; mais, pour cela, il faut l'unité de noms, beaucoup de fermeté et l'amitié dévouée de Salamanca. Si vous me refusez votre concours, vous ne pourrez prétendre que vous avez ignoré l'extrémité où vous m'avez réduit.

Au nom de votre famille, au nom des intérêts de tant de familles dont la fortune nous est confiée, revenez sans délai.

Au reste, dit M. l'avocat Impérial, je n'insiste pas sur ces faits ; les uns sont couverts par la prescription, les autres ont un caractère de délit suffisamment caractérisé.

M. l'avocat impérial examine l'affaire du chemin de Saragosse à Pampelune. Ici, dit-il, il y a eu non-seulement escroquerie, mais encore abus de confiance. Escroquerie ; en effet, vous dites au public : Nous avons 50,000 obligations à émettre, donnez votre argent en échange de nos titres. Et au lieu de ne distribuer que 50,000 actions, vous en distribuez 56,000. Donc, il y a 6,000 obligations qui sont fictives, dont l'argent versé n'a aucune valeur correspondante dans votre exploitation. Abus de confiance, car vous dites au public : Donnez-moi votre argent pour exploiter le chemin de fer de Pampelune à Saragosse et sur les 40 millions que l'on vous apporte. Ainsi, avec la croyance que cet argent servira à la construction du chemin, vous prélevez 10 millions que vous vous attribuez à titre de bénéfice réalisé sur le marché qui vous a livré le chemin.

M. l'avocat impérial aborde ensuite d'autres faits. Parmi les débiteurs de la caisse, il y en avait de bons et de mauvais. On les a tous portés en bloc au crédit de la caisse.

M. l'avocat impérial s'élève contre la distribution, comme dividende acquis, des 8,500,000 fr. provenant des chemins Romains ; il signale une perte de 1,600,000 fr. dans les jeux de bourse qui a été dissimulée dans les inventaires.

Le bilan de la caisse est celui ci : mensonge, fourberie, escroquerie.

AUDIENCE DU 3 JUILLET

L'audience est ouverte à midi.

M. Mirès paraît plus calme.

Son défenseur, Me Mathieu, n'est pas à l'audience ; on le dit retenu chez lui par la fièvre.

M. l'avocat impérial reprend la suite de son réquisitoire.

Il dit que si les gérants sont avant tout responsables des inventaires fictifs et autres faits frauduleux, une grande part de ces faits revient cependant aux membres du conseil de surveillance, qui, dans cette circonstance, se montre d'une faiblesse intéressée.

Les membres du Conseil de surveillance se sont placés volontairement sous la dépendance des gérants ; ils ont accepté des mission fructueuses à l'étranger. M. de Pontalba n'a-t-il pas porté ses frais de représentation, pour le compte de la Société, à 1,200,000 fr. d'un côté, et 500,000 fr. de l'autre.

Ils connaissaient l'état déplorable des affaires ; leur corresponbance en fait foi ; ils ont laissé distribuer des dividendes de 71 fr., 36 fr., 25 fr., par action, alors qu'ils savaient que la Société était en perte.

S'ils avaient pris leur mandat à cœur, les gérants n'auraient pu leur dissimuler les pertes de bourse dans lesquelles des millions ont été engloutis ; ils auraient fait porter au compte des profits et pertes les créances irrécouvrables, qui ne s'élevaient pas à moins de douze millions.

La retraite de M. Barbet de Vaux aurait dû leur ouvrir les yeux. Loin de là, ils ont admis dans l'inventaire de 1860 un bénéfice de quatre millions. M. le président, le comte Siméon, a délivré à Mirès un certificat de loyauté et de probité.

Le 18 janvier, ils ont approuvé et signé un inventaire mensonger ; ils ont consacré avec une complaisance aveugle tout ce qu'avaient fait les gérants.

M. l'avocat impérial, persiste à demander l'application de la loi contre les gérants et les membres du Conseil de surveillance.

Me Plocque se lève et demande la parole. Il réclame au nom de M. Mirès l'audition des quatre témoins dont il a parlé à la dernière audience.

M. le président. — Me Plocque, cela ne se peut ; les débats sont clos.

Me Plocque. — M. le président, je professe cette opinion qu'en matière correctionnelle les débats ne sont clos qu'après le prononcé du jugement.

Me Plocque lit les conclusions suivantes au nom du prévenu :

Attendu que dans l'audience d'hier, il a été déclaré au nom de la prévention que, même en l'état, tout moyen de justification serait mis à la disposition du prévenu ;

Attendu, au surplus, que les débats ne peuvent être, quant à présent, réputés clos ; que cette clôture n'a point été prononcée ; qu'en matière correctionnelle, les débats ne sont clos que par le jugement définitif, et que jusqu'au dernier moment les moyens de forme destinés à éclairer la justice, soit dans l'intérêt de la prévention, soit et surtout dans l'intérêt sacré du prévenu et de la défense, peuvent être produits et doivent être admis par le juge ;

Par ces motifs,

Dire et ordonner que les quatre témoins cités à la requête de M. Mirès pour l'audience de ce jour seront entendus dans leur déposition.

Fait à l'audience du 3 juillet 1861.

Signé : J. Mirès.

Le Tribunal se retire pour en délibérer. A sa rentrée, il ordonne que les témoins seront entendus :

Le premier est M. Laroque. Il dépose : Le 20 février au matin, M. Monginot est venu à la Caisse générale des chemins de fer dans le bureau des comptes-courants. Il nous a dit : « Je suis l'expert Monginot, « c'est-à-dire la bête venimeuse. Je suis « chargé, en cette qualité, d'éplucher les « affaires de Mirès, je dois mettre en lu« mière les faits à sa charge et laisser dans « l'ombre ceux qui peuvent le disculper. »

Trois autres témoins, MM. Ferdinand

Besse, Follet et Chavès font une déposition identiquement semblable

Ces dépositions excitent une vive surprise dans l'auditoire.

M. le président. — M. Mirès, vous devez être satisfait maintenant.

Mᵉ Mathieu étant malade et ne pouvant prendre la parole demain, l'audience est renvoyée à vendredi pour donner à Mᵉ Plocque le temps de se préparer.

AUDIENCE DU 5 JUILLET.

A midi, le Tribunal fait son entrée. L'audience est ouverte.

On espérait que Mᵉ Mathieu serait rétabli de son indisposition pour pouvoir prendre la parole ; mais il est absent de l'audience.

M. le Président à Mᵉ Plocque, second défenseur de Mirès :

Mᵉ Plocque, vous avez la parole.

Mᵉ Plocque. — Monsieur le Président, M. Mirès désirerait préalablement adresser au Tribunal quelques réflexions qu'il a résumées par écrit et qui sont dans l'intérêt de sa défense.

M. le Président. — Vous pouvez parler, M. Mirès.

M. Mirès s'exprime ainsi :

« Messieurs, M. l'avocat impérial, dans « son réquisitoire , a insisté sur deux « points : les exécutions et l'affaire des « Caisses. Il a répété, pour les exécutions, « que j'avais fait un bénéfice; or, cette « insistance à avancer un fait à ma charge, « inexact, ne pouvait avoir pour but que « de produire une impression qui me se- « rait fâcheuse.

« Je dois donc, rappeler, à l'égard des « exécutions, que les actions ont été ven- « dues aux risques et périls de la Société , « sans aucun avantage ni intérêts pour les « gérants; ils ont cru à la guerre géné- « rale; ils ont craint une baisse plus forte ; « ils ont agi sous cette influence, mais, je « le répète, les gérants n'y avaient aucun « intérêt.

« Quant à l'affaire des Caisses, M. l'avo- « cat impérial, s'appuyant sur le rapport « de M. Monginot, persiste à soutenir « que les gérants ont fait un bénéfice de « 2,500,000 fr.

« Si ce bénéfice avait été fait, il aurait, « au point de vue de la dignité morale, « une physionomie fâcheuse sans avoir « aucun caractère criminel; mais, non- « seulement il n'y a eu aucun bénéfice, « et en outre, l'opération était faite pour « procurer à la Société des ressources fi- « nancières qui lui étaient indispensables.

« Ainsi, le rapport, pag. 47, dit que les « souscriptions pour l'emprunt espagnol « se sont élevées à 28 millions seulement.

« Or, j'avais à payer au gouvernement « espagnol 90 millions, et les dernières « échéances étaient en août et septembre « 1857.

« Le contrat original a été saisi par « M. Monginot; par conséquent il a dû « connaître les échéances, et en les rap- « prochant de la vente des Caisses faite en « août et septembre 1857, il aurait trouvé « une coïncidence parfaite entre les ventes « et les besoins.

« En poussant son investigation plus « loin, l'expert aurait encore trouvé sur « mon compte-courant qu'en septembre « 1857 mon compte était créditeur de « 3,449,000 fr., et que la vente des Cais- « ses, à cette époque, avait produit, pour « 9,000 Caisses, 3,459,000 fr.

« En continuant son investigation et en « étudiant la situation au début de la vente « des Caisses, l'expert aurait encore con- « staté qu'en dehors de mon compte- « courant j'étais créancier par compte « spécial des apports bénéficiaires du Gaz, « des mines de Portes et des Ports, for- « mant plusieurs millions.

« L'expert, en faisant des vérifications « complètes, aurait constaté les points sui- « vants :

« 1° Les coupons que les gérants ont « payés pour les Caisses et qui se sont éle- « vés à 1,192,470 fr.;

« 2° La perte éprouvée sur 7,000 actions « achetées en 1860 qui s'est élevée à « 630,000 fr.

« Enfin, sur tous les autres points du « rapport, l'expert aurait modifié toutes « ses appréciations s'il avait fait son tra- « vail contradictoire avec le prévenu.

« Mais abandonné à lui-même, subis- « sant les influences qui dominaient au- « tour de lui, il s'est livré à des tendances « accusatrices si parfaitement justifiées « par la teneur même de l'ordonnance « qui nomme les experts et détermine leur « mission. — Voici ces termes :

Ordonnons que, par MM. Isoard, Vanhins-beek et Monginot. que nous commettons, serment préalablement prêté, il sera procédé aux exa- mens et vérifications de tous les livres de com- merce, registres, titres, papiers et documents qui seront mis à leur disposition à l'effet de re- chercher les preuves des faits ci-dssus énoncés, ainsi que tous les actes également imputables aux inculpés, et qui seraient de nature à tomber sous l'application de la loi pénale.

« Ne résulte-t-il pas de cette ordon- « nance ou de ces instructions que les ex- « perts sont les auxiliaires de l'accusation « et qu'ils croient, de la meilleure foi du « monde, accomplir leur devoir en né- « gligeant les faits favorables, en laissant « à la défense le soin de les relever ?

« Quand ce procédé s'applique à des af-

« faires peu compliquées, la défense peut
« trouver quelquefois un moyen de con-
« trôle pour repousser les conclusions des
« exprts ; mais dans une affaire compli-
« quée qui embrasse une longue période
« de temps, qui concerne de si grandes
« affaires pour lesquelles des considéra-
« tions si nombreuses doivent être invo-
« quées, pour les apprécier sainement,
« est-il également facile de combattre le
« rapport des experts qui repose sur une
« certaine manière de présenter les comp-
« tes et de grouper des chiffres ?

« Je vous en ai fourni la preuve en vous
« signalant la forme adoptée par les ex-
« perts pour juger l'affaire des chemins
« Romains.

« Les erreurs sont bien plus graves en-
« core sur l'affaire des Caisses pour les-
« quelles les omissions s'élèvent à un mil-
« lion 123,000 fr. Une autre erreur de
« 630,000 fr. a été faite, et enfin des er-
« reurs moins graves sur plusieurs points
« de cette partie du travail, qui portent la
« rectification à 2,453,000 fr., sur un bé-
« néfice présumé de 2,553,000 fr., béné-
« fice qui a été transformé en une perte
« sur l'ensemble de l'opération.

« De semblables erreurs ne sauraient
« être maintenues, et j'invoque le langage
« même de M. l'avocat impérial, qui a dé-
« claré, avec une loyauté que je me plais
« à reconnaître, qu'il ne refuserait aucun
« moyen de nature à éclairer le Tribunal,
« et en conséquence, je demande que le
« travail des experts sur l'affaire des Cais-
« ses, et celui que j'ai fait imprimer, qui
« est extrait des livres, soient soumis tous
« les deux à une contre-vérification qui
« pourrait ne durer que quelques heures.

« Pour les inventaires, je demande éga-
« lement qu'un nouvel examen soit fait
« en ce qui concerne :

« 1°Les 8 millions 750,000 fr., prélevés
« en 1856 sur la commission des chemins
« Romains ;

« 2° Les comptes ouverts à la spécula-
« tion sur rentes et valeurs, et la situation
« de ces comptes en 1857 et 1858 ;

« Si le Tribunal ordonnait en outre que
« ce travail fût fait contradictoirement
« avec les experts et le prévenu, les juges
« obtiendraient ainsi une base d'apprécia-
« tion qui leur permettrait de prononcer
« avec une absolue sécurité. »

M. le Président. — Maître Plocque, vous
avez la parole.

Me Plocque. — J'ai l'honneur de poser
les conclusions suivantes :

Plaise au tribunal,

Attendu que les faits imputés à Mirès ne sont
nullement justifiés,

Renvoyer Mirès des faits de la plainte, sans dépens ;

Subsidiairement,

En ce qui touche l'imputation de détournement frauduleux de 21,248 actions de la Caisse
générale ;

Attendu que sur ce point le rapport de M. Monginot ne fait que réproduire seulement les accusa-
tions de M. de Pontalba ; que, d'autre part, l'instruction est incomplète ;

Que M. Mirès démontre par les constatations
des livres et des écritures que les chiffres et les
allégations consignées par M. Monginot dans son
rapport et acceptées par la prévention sont
inexacts et controuvés ; que dans cet état de désaccord qui n'est pas le fait de M. Mirès, lequel
n'a été ni entendu ni appelé par l'expert, il y a
lieu de procéder à une nouvelle vérification ;

En ce qui touche les inventaires, et spécialement la commission de 8,750,000 fr., prélevée
sur les chemins de fer romains ;

Attendu que sur ce point, les faits essentiels
au débat ne sont pas davantage éclaircis et qu'il
y a lieu de les vérifier à nouveau ;

Par ces motifs ;

Dire et ordonner que sur les chefs ci-dessus
énoncées, il sera, en la forme que le tribunal
croira devoir prescrire, procédé par un ou plusieurs experts autres que ceux précédemment
nommés, et contradictoirement avec le prévenu à
un nouvel examen et à des vérifications sérieuses
et complètes ;

Sous toutes réserves ,

MIRÈS.

Après la lecture de ces conclusions ,
Me Plocque s'exprime en ces termes :

Messieurs , je viens vous présenter la
défense de M. Mirès. Mon honorable
confrère, Me Mathieu, n'a pu, comme
il l'espérait, venir sans danger pour
ses propres forces, prendre la place
qui lui appartenait. Mais, je le déclare ici
en son nom, il entend ne rester en rien
étranger à la défense à laquelle il s'associe
de cœur.

Ma position est difficile ; je ne pourrai
qu'esquisser devant vous la défense de
M. Mirès. En effet, bien que pour examiner
la cause, nous nous soyons livré depuis
plusieurs jours à un travail incessant dans
lequel nous avons uni les nuits aux jours
et les jours aux nuits, nous n'avons pu
étudier dans toute leur profondeur les
questions si nombreuses, si complexes, si
délicates, si ardues qui sont soulevées dans
cette cause.

Tandis que tout à l'heure vous avez entendu le ministère public prononcer un
réquisitoire si habile, si serré, si énergique, vous n'allez trouver qu'une défense
incomplète, parce que, prise à l'impro-
viste, le temps lui a manqué pour s'affer-
mir sur tous les points.

Elle sera incomplète, sauf en un seul
point, celui de la Caisse générale des
chemins de fer. Je n'ai pas oublié, Messieurs, que pendant quatre années, j'ai
été le conseil de cet établissement financier, son tuteur juridique, tâche qui m'a

vait été léguée par notre si regretté confrère, M. Liouville.

Pendant quatre années, j'ai donc pu suivre les affaires de cette Caisse, et pendant quatre années aussi j'ai pu connaître et apprécier l'homme qui en dirigeait les opérations, qui imprimait aux affaires son impulsion ; et comme après tout la nature des affaires et la manière dont elles sont conduites, doivent faire connaître le caractère de l'homme dont elles sont l'œuvre, je pourrai vous faire connaître l'un, en vous parlant des autres.

J'aborde les faits de la prévention. Vous savez, messieurs, ce qu'a été le réquisitoire du ministère public. Nous y avons discerné deux ordres d'idées et de faits que l'on vous a successivement présentés. Les faits généraux, c'est-à-dire la conception, la création elle-même des grandes entreprises de la maison Mirès et les faits particuliers, c'est-à-dire les actes auxquels a donné lieu la conduite de ces grandes entreprises.

On a d'abord exposé et discuté les faits généraux et cependant, ce ne sont pas les faits généraux qui sont incriminés. Ils ont défrayé la première moitié du réquisitoire du ministère public ; puis, apparaissent les faits particuliers, ceux de la prévention, noyés et confondus parmi les faits généraux.

Nous nous efforcerons surtout de rétablir ceux-ci dans leur véritable rôle, de leur rendre leur véritable place, car ils sont l'éclatante justification de M. Mirès, le commentaire heureux de ses actes subséquents.

En second lieu, nous examinerons les faits de la prévention ; nous examinerons ce que sont en réalité les escroqueries, les tentatives d'escroquerie qu'à l'occasion des exécutions de clients on reproche à M. Mirès. Nous verrons ce que sont ces faits qu'on a qualifiés d'abus de mandat, de dépôt ; ces détournements de 21,247 actions de la Caisse, ces cinq millions détournés dans l'affaire des ports de Marseille ; les 9,021,750 fr. détournés dans l'affaire du chemin de fer de Pampelune à Saragosse ; les autres sommes remise spar des actionnaires de Pampelune, et selon la prévention également détournées ; enfin, l'infraction commise à la loi sur les commandites en distribuant, au moyen d'inventaires frauduleux, des dividendes non acquis. Nous nous attacherons à prendre ceux-ci à pied le réquisitoire, et nous le discuterons dans toutes ses parties.

J'ai dit au Tribunal que j'avais surtout à cœur de rétablir les faits généraux sous leur véritable jour parce que leur nature se liait intimement avec le caractère de leur créateur.

Et d'abord quelques mots sur M. Mirès. Qu'est-ce que cet homme sur lequel une terrible prévention est venue tomber comme un coup de tonnerre?

M. l'avocat impérial vous disait que l'on rencontre dans le monde des affaires deux classes d'individus qui remuent les intérêts industriels non avec un succès égal, mais avec une ambition égale.

Il y a d'un côté, les initiateurs hardis, à la fois honnêtes et habiles. Ceux-là sont les vrais patrons de l'industrie. Leurs belles inventions, leurs vastes conceptions, qui ont le cachet et la durée des grandes choses les immortalisent et font bénir leurs noms par les générations auxquels ils ont ouvert de nouvelles voies fécondes. A côté, comme l'erreur à côté de la vérité, viennent les imitateurs qui compensent et remplacent l'honnêteté par l'audace, le génie qu'ils n'ont pas et qui est toujours désintéressé par la cupidité qui étend en fraude sa main avide sur le fruit du travail pénible et honnête.

Ceux-là sont maudits par l'industrie !

Ceux-là concevront, mais n'exécuteront pas. Ils s'agiteront dans de faux semblants de travail. Stériles efforts ! qui laissent promptement apercevoir le vide et l'inanité de leurs vains édifices. Rien ne subsiste de leurs projets. Ils ont bâti sur le sable. Aventuriers de l'industrie, condottieri de la finance, ils s'embusquent derrière une fausse promesse pour demander aux gens la bourse ou la vie !

A laquelle de ces deux classes appartient M. Mirès?

Etait-ce la soif de l'or qui le dévorait? Etait-il en proie aux ardeurs de ce vice qui nous aveugle et nous fait fouler aux pieds tout sentiment humain? Etait-ce une insatiable avarice ou un désir immodéré des jouissances que peut procurer l'or qui le guidait? Obéissait-il à une honteuse ambition de ce genre? ou bien est-ce au contraire un de ces hommes à l'imagination merveilleuse, au jugement droit et sain, qui conçoivent des théories de crédit salutaire et qui savent imprimer à la prospérité du pays une marche certaine? Ceux-là, Messieurs, sont de grands esprits qui comprennent que l'or, métal vil, quand il s'applique à la satisfaction de nos passions, à l'assouvissement de notre vanité ou de notre ostentation, s'ennoblit quand on l'applique à l'exécution des magnifiques conceptions de la science et du génie des hommes.

Choisissez, messieurs, et assignez à cet homme la place qui lui appartient !

Que Mirès, dans l'entraînement du succès, mais du succès honnête, entendez-le bien, messieurs, se soit laissée aller à un nombre exagéré d'entreprises, je l'accorde; mais je soutiens qu'elles n'étaient pas au-dessus de ses forces, et que sa capacité merveilleuse devait suffire à tout! son esprit est assez vaste pour tout conduire et tout diriger et quoi qu'il arrive, Mirès est un homme dont le nom restera attaché aux grandes entreprises qu'il a fondées et qui subsisteront lors même que leur créateur serait entraîné dans une chute funeste. C'est un homme qui a rendu des services à son pays, un industriel honnête qui appliquait les facultés de son esprit à des choses utiles, d'un intérêt incontestable, qui recherchait avant le bénéfice d'argent la grandeur du but.

Pour apprécier la valeur d'une œuvre, il est, messieurs, un critérium, une pierre de touche dont l'emploi donne un résultat certain ; c'est l'examen de la solidité des œuvres ; les affaires dont la mémoire reste, qui sont fondées, qui sont destinées à enrichir le pays, ne peuvent avoir pour créateurs que de faux industriels qui ne s'adonnent jamais qu'à de chimériques entreprises, qui ne sont que des prétextes à l'appel des capitaux, qui ne sont autre chose que le vol par l'audace.

Oui, toutes les fois qu'un homme produit de ces œuvres d'une durée certaine, dont la base est solide, n'en doutez pas, cet homme n'est pas un malhonnête homme. Il a droit à l'estime et à la sympathie de ses concitoyens.

Voulez-vous, messieurs, que je vous signale un de ses aventuriers, un de ces condottieri dont je vous parlais tout à l'heure. En 1718, il y a près d'un siècle et demi, vint en France un spéculateur étranger, l'Écossais John Law. Qu'apportait-il en France, de qu'elle institution bienfaisante voulait-il doter pays? D'une banque imaginaire; sur quoi reposaient les espérances qu'il offrait à ceux à qui il jetait, dans la rue Quincampoix, ces chiffons de papier que l'on se disputait avec un fiévreux acharnement? Sur les bases les plus frivoles.

En échange de leur or, il offrait à ses actionnaires le privilége du commerce sur les bords du Mississipi, la refonte des monnaies, etc. Law n'était qu'un aventurier, aucune de ses créations n'a eu de durée. Tout s'est dissipé comme une vaine fumée. Il n'est resté que la ruine et la désolation à ceux qui avaient eu foi dans ses promesses.

Voilà, Messieurs, le critérium que je vous proposais et auquel je soumets hardiment d'avance les œuvres de M. Mirès.

Lui que nous avons vu parvenir à une si prodigieuse élévation, est entré dans la vie par la porte du malheur.

Dès son enfance, dès sa jeunesse ; il a lutté avec le travail. Il aimait le travail pour lui-même; c'est, messieurs, un prodigieux travailleur que M. Mirès. Nous l'avons vu déployer une ardeur incroyable dans l'étude et la conduite des affaires.

Il luttait donc, ayant le sentiment instinctif de son mérite, poussé vers l'avenir qui lui ouvrait par les découvertes modernes un si vaste champ.

Vers 1850, il commença son entrée dans la carrière financière par son association dans la propriété de la Caisse des actions réunies. C'est là la source, l'origine de l'unique fortune qu'il possède aujourd'hui. L'entreprise réussit au delà de toutes les espérances, car l'opération donna de tels bénéfices que les actionnaires furent successivement remboursés, toutes les actions éteintes et les gérants se partagèrent des sommes considérables dues à leur travail et à leur habileté.

Vers la même époque, il acheta le *Journal des chemins de fer.* Il avait compris tout le parti utile que l'on pourrait tirer d'une publication de ce genre. Toutes les questions industrielles y étaient traitées avec une lucidité judicieuse. Une haute confiance s'attacha au nom des propriétaires de cette feuille.

Mais Mirès ne devait pas s'arrêter là.

En 1854, il apprend qu'il existe dans un coin du département du Gard une houillère d'une grande richesse. Il se rend sur les lieux, examine les gisements de charbon, calcule avec cette justesse d'appréciation qui lui est habituelle tout le parti que l'on peut retirer de cette entreprise mal dirigée par des concessionnaires inhabiles, et il devient acquéreur des mines de Portes et Senéchas, au prix de 2,500,000 francs.

La houillère était voisine des grandes lignes de chemin de fer qui traversent la France; Mirès dépense une somme de 1,500,000 fr. pour construire un raccordement de son usine au chemin de la Méditerranée et c'est ainsi qu'il donne la vie à cette entreprise industrielle jusque-là inerte, et qu'il enrichit une contrée qui lui doit sa prospérité. Je pourrais vous parler, messieurs, de tous les procès que nous avons eu à soutenir à l'occasion de cette propriété industrielle ; eh bien, aujourd'hui les galeries, les puits, les communications sont établis et en active exploitation. La production est immense, les bénéfices certains. Est-ce là une de ces entreprises factices, dont le nom serait destiné à servir d'enseigne à des projets chimériques; est-ce là une de ces déplorables affaires dont il aurait leurré le public? Non, Messieurs, c'est une œuvre durable à laquelle le nom de Mirès restera attaché.

Pour compléter l'établissement de Por-

tes et Sénéchas, Mirès achète dans la même contrée les hauts fourneaux de Saint-
Louis. C'étaient deux créations dont la seconde assurait le débouché des produits
fut de la première.

Il devient ensuite concessionnaire de
l'éclairage par le gaz de la ville de Marseille. Cette troisième affaire complétait
les deux précédentes avec lesquelles elle
fusionnée.

Les terrains de Marseille furent également une affaire excellente. C'est incontestablement une des conceptions les plus
hardies et les plus utiles de notre temps.
Elle nous reporte à l'origine des cités, au
sentiment de génie qui guidait certains
hommes dans le choix de l'emplacement
des villes destinées à devenir les reines
du monde.

Puis, en 1856, l'affaire de chemins Romains.

Que j'ai souffert, messieurs, lorsque j'ai
entendu M. l'avocat impérial dire que
cette entreprise était en désarroi, qu'elle
avait été un leurre industriel mis en avant
pour attirer des capitaux.

J'ai connu cette affaire dès son début ;
je l'ai défendue, patronnée, soutenue devant tous les tribunaux. Non, cette affaire
n'est ni une fraude, ni un mensonge, et
ceux qui l'on qualifiée ainsi se sont ap-
puyés sur des documents faux et erronés.

Et voulez-vous savoir, Messieurs, où en
est cette affaire que l'on dit si déplorable ?
À l'heure actuelle elle est entre les mains
des personnages les plus éminents des
États pontificaux. Allez leur demander
dans quel état ils l'ont trouvée. Je vais
vous le dire :

En 1856, quand des concessionnaires de
Cour s'agitaient dans le vide et n'arrivaient à aucun résultat, Mirès achète le
chemin 175 millions comprenant toutes
les actions et obligations. Les travaux à
exécuter, exigèrent que Mirès devînt souscripteur d'une somme de 207 millions. Il
en en payé 101, il reste à en payer 106.

On nous objectait qu'il n'avait jamais
été exécuté de travail sérieux ; quelques
tronçons de voie ferrée existaient disait-on,
sur lesquels apparaissait à peine à de rares
intervalles, quelque locomotive isolée et
sans voyageurs.

Eh ! bien voici la vérité : Ce chemin doit
avoir un développement de 744 kilomètres.
Cent kilomètres sont exploités ; 500 doivent l'être l'année prochaine. Le rapport
présenté le 18 mai 1861, au conseil d'administration de la Société constate que le
capital suffira pour exécuter tous les travaux.

Le kilomètre coûte 280,000 fr.

C'est messieurs, une magnifique affaire.

M. Mirès avait compris quel avenir était
réservé aux chemins de fer Romains. La
ville éternelle, centre de l'Italie, était en
communication par ces lignes, avec l'A-
driatique par Ancône ; avec la Méditerranée par Civita-Vecchia ; avec le nord de
l'Italie par Bologne ! C'était un projet sa-
gement conçu, exécuté avec opiniâtreté ;
car, dans ce pays encore loin du niveau
industriel des autres nations, il avait fallu
lutter contre des obstacles de toute sorte ,
contre l'impéritie des travailleurs, contre
l'impéritie et l'inertie des ingénieurs ,
contre l'insolvabilité de tous ceux à qui
il fallait s'en remettre pour l'exécution
des travaux.

M. Mirès triompha des difficultés de
la nature, des difficultés sociales, et il est
arrivé à donner aux Italiens des lignes de
chemin de fer qui, moyennant un sacrifice
de 8 millions, peuvent supporter avec le
capital souscrit tout le fardeau de l'entreprise et donner dès à présent aux souscripteurs un intérêt de 13,120,000 fr.

Dès le lendemain de la catastrophe,
l'entreprise se relevait plus prospère que
la veille et aujourd'hui les actions se né-
gocient au cours de 200 fr.

Si je vous parle ainsi des chemins Romains, que vous dirai-je du chemin de
Saragosse à Pampelune.

Là aussi on ne peut méconnaître le caractère qui marque l'entreprise utile, durable , appropriée aux besoins d'un
peuple.

Quelques mots à ce sujet.

Il part de Madrid deux puissantes lignes
de chemin de fer. L'une se dirige à travers
les Castilles, la Navarre, la Biscaye et, at-
teignant Irun, va rejoindre Bayonne, Bordeaux et l'Océan.

L'autre ligne se dirige vers la Méditerranée en rejoignant Narbonne, Montpel-
lier, etc.

L'utilité de ces deux chemins est si
vraie que deux puissants financiers, MM. de
Rothschild et Pereire, sont concessionnaires, l'un du premier, l'autre du second.

Ces deux chemins vont donc en s'écar-
tant l'un de l'autre, et il est aisé de comprendre combien une ligne qui les relie est
utile. Cette ligne est un objet de convoitise
nécessaire pour les deux lignes reliés et il
faudra qu'elle soit achetée par l'une ou
par l'autre, car elle abrège la distance de
Madrid à Irun de 80 kilomètres.

M. Salamanca comprit ainsi que M. Mirès toute la valeur de ce chemin.

Voici comment leurs relations s'établi-
rent :

M. de Salamanca, qui était adjudica-
taire du chemin, en avait entrepris la construction.

En Espagne, pays de montagnes, où les
travailleurs se recrutent difficilement, le

prix d'un kilomètre de chemin de fer ne peut être évalué à moins de 250 à 300,000 francs le kilomètre.

M. de Salamanca, pressé d'un besoin d'argent, calcula quel pouvait être le plus faible prix de revient de la construction du chemin de fer et son estimation, le porta au chiffre de 145,000 fr.

Il s'adressa à M. Mirès qui se chargea de l'affaire.

Ce chemin a coûté 210,000 fr. de construction par kilomètre.

Voilà, messieurs, quelles sont les affaires d'industrie qu'a imaginées M. Mirès.

Sont-ce là des entreprises ayant un caractère chimérique? je vous le demande, messieurs ; un chemin qui doit amener en France les marchandises et les voyageurs, est-il un moyen de fraude dont on s'est servi pour attirer des capitaux.

Non, Messieurs, quand les choses sont aussi sérieuses, il est impossible de soutenir une allégation pareille.

Mais, laissons de côté pour un instant la nature des moyens qu'il a employés.

Supposerez-vous que Mirès, déjà riche, déjà influent dans le monde des affaires, aura appliqué sa merveilleuse intelligence, son aptitude et son opiniâtreté extraordinaires pour le travail, à combiner des plans et des projets chimériques dans le but de se donner le plaisir de voler, d'escroquer? Non, Messieurs, le vide de la prévention est ainsi démontré.

Je ne vous dirai rien, quant à présent de l'emprunt ottoman. C'était une magnifique idée que celle de réveiller par le crédit cet Empire ottoman qui croule de toutes parts sans finances et sans direction administrative.

Vous dire quelles influences parties de haut, quelles jalousies financières ont causé le naufrage de M. Mirès dans cette opération serait impossible.

Il y avait là une commission de 92 millions ; un bénéfice certain pour la Caisse. L'emprunt réussissant, tout était sauvé, ressuscité. Aussi les ennemis de M. Mirès, tremblant de le voir s'élever tout à coup à une prodigieuse prospérité ont-ils fait tout pour le perdre.

C'étaient donc là, je le répète, des affaires utiles, sérieuses, ayant une base certaine, une existence assurée.

Nous ne savons pas ce que nous garde votre justice, mais lorsque, portant nos regards vers l'avenir, nous songeons au jugement de l'histoire, nous ne pouvons détourner nos yeux de cette douloureuse pensée que la postérité se rappellera que l'homme qui a dévoué sa vie à de si grandes choses est venu s'asseoir sur ce banc et s'est entendu traiter de vulgaire escroc !

Voilà, messieurs, ce que j'avais à vous dire sur la carrière financière de M. Mirès. Voilà l'exposé des faits généraux que je voulais vous développer.

Venons maintenant aux faits particuliers.

C'est de 1856 à 1861 que ces faits ont eu lieu. C'est dans cette période de temps que le ministère public a concentré toutes ses charges contre le prévenu.

Voyons ce qui s'est passé dans cet intervalle.

Lorsque fut fondée la Caisse générale des chemins de fer, le premier capital social fut de 60 millions. Plus tard il fut porté à 50 millions. Mirès et Solar étaient gérants de ce cette société qui a fonctionné jusqu'au 18 février 1861.

M. Mirès avait espéré qu'il lui serait possible de réduire petit à petit ce capital social. Il était tout entier à l'accomplissement de cette tâche lorsque de honteuses cupidités, de basses jalousies entravèrent et paralysèrent ses efforts.

Un instant, on avait espéré que l'entreprise allait recevoir un nouvel essor ; ce fut au moment de la retraite de M. Raynouard, lorsque notre confrère Auguste Avond devint secrétaire général de la société.

Et, à cette occasion, je ne puis laisser sans réponse une parole échappée au ministère public, sans doute dans l'improvisation.

Je sais quel affectueux, quel respectueux souvenir anime M. l'avocat général pour l'éminent magistrat, frère si regretté d'Auguste Avond. Je sais quel souvenir pur et honorable nous en est resté, mais ce souvenir nous est revenu plus douloureux lorsque nous avons entendu dire que notre confrère avait déserté les rangs du barreau.

Non, il ne les déserta pas. Il vint trouver le chef de son ordre et ce fut en pleurant qu'il lui avoua que cédant à d'impérieuses nécessités il s'éloignait pour un instant, mais non sans esprit de retour de la carrière qui devait lui être si chère à tant de titres. Mais il n'a pas déserté et nous sommes convaincus que si aujourd'hui il voulait rentrer parmi nous qui regrettons tant son absence, il y serait reçu à bras ouverts.

On crut donc un instant que la Société des chemins de fer reprendrait sous l'habile direction de son nouveau secrétaire général, dont on connaissait l'esprit de loyauté et d'exaltation, une vie nouvelle.

Mais Auguste Avond devait rester impuissant contre les honteuses cupidités qui ne pouvant se satisfaire ont eu recours à la délation et ont accumulé autour d'elles tant de misères, de chûtes, de malheurs.

N'y a-t-il pas eu aussi, Messieurs, d'autres causes de ruine pour les entreprises de cette Société ?

Pourquoi donc toutes ces affaires ont-elles donc, je ne puis pas dire sombré, elles sont encore debout, mais pourquoi ont-elles été ébranlées?

Messieurs, nul de nous n'est à l'abri des événements qui font et défont les empires. Je ne dis pas que M. Mirès ait trop embrassé et n'ait pu étreindre toutes ses entreprises. Non, je crois qu'avec sa capacité merveilleuse il eût pu tout mener à bien, mais il n'était pas maître des événements.

Il vint un moment où s'arrêta l'essor qui s'était manifesté quelques années auparavant dans les affaires industrielles.

Il vint une réaction qui produisit un désordre immense dans les affaires.

Tout le monde comprend les difficultés qui résultent d'un tel état de choses, tout le monde les touche du doigt.

Nous sommes ainsi faits, nous autres Français, qu'après nous être portés en avant avec enthousiasme, tout à coup nous revenons en arrière avec une panique presque égale à notre ardeur première.

Les cupidités vont trop loin. Nous nous lançons en avant puis nous nous reculons. C'est là notre défaut.

M. Mirès a donc été atteint par les événements et c'est alors que, ne pouvant les maîtriser, il a obéi aux nécessités qui lui étaient imposées.

Certes, c'est le devoir des magistrats de rappeler les principes de l'éternelle morale. C'est elle qui doit gouverner le monde, mais les événements humains dictent des lois auxquelles on ne peut se soustraire.

La réaction financière vint donc entraver les entreprises de M. Mirès. Puis, parut en même temps un monument législatif qui pouvait devenir un arrêt de mort pour l'une de ces entreprises, les chemins Romains. Les capitaux français avaient quitté la France pour se répandre à l'étranger où ils luttaient avec ceux de l'Angleterre pour patronner toutes les grandes entreprises qui devenaient plus difficiles en France.

Pour les retenir on ferma le marché français; on déclara que toute société formée en France pour une entreprise à l'étranger ne pourrait se constituer que lorsque l'intégralité de ses actions serait souscrite.

C'était frapper au cœur les chemins Romains.

Comment désormais libérer le capital social ?

M. Mirès y parvint cependant. A force d'économies, il réduisit deux actions en une seule ; il diminua le chiffre du capi-

tal, mais il n'en remplit pas moins ses obligations de constructeur. Mais le coup était porté, et Mirès eut à le supporter.

A ces événements financiers vinrent se joindre des événements d'un autre genre.

En 1859, éclata cette guerre d'Italie qui pour un instant nous reporta aux prodiges de Marengo, de Castiglione et de Rivoli. Un instant on crut à une guerre universelle. Mais il nous était réservé de voir à côté d'un prodige de rapidité d'exécution inouï, un prodige de modération admirable.

Voilà, Messieurs, les véritables causes de la chute de M. Mirès, des malheurs qui l'ont accompagnée.

Ce ne sont pas les misérables chefs qui défrayent la prévention.

On parle ainsi pour les besoins de la cause, on ne parle pas au point de vue de l'appréciation véritable des événements.

Et qui donc, Messieurs, est à l'abri des coups du sort; qui donc a fait un pacte avec la fortune pour s'assurer ses faveurs qui donc lui a dit : « Tu seras enchaînée à mon char ! »

Oui Messieurs, Mirès a été le jouet de la fortune, et ce serait une grave erreur, une injustice véritable que de lui imputer des malheurs et des insuccès qui n'ont pas dépendu de sa volonté.

Qu'a-t-il donc recueilli de ses travaux, de ses trente années de rudes labeurs, de travail incessant?

On a dit : Mirès est resté riche, malgré sa chute ; ses millions ne peuvent se compter, mais il a eu le soin de les faire disparaître, de les soustraire, par des manœuvres, à la main de la justice.

Eh bien, voulez-vous savoir quelle est la fortune de cet homme ? Je vais vous le dire. Et M. Mirès porte le défi à tout le monde, amis, ennemis, créanciers de lui donner un démenti sur un centime.

Sa fortune prend son origine comme nous l'avons dit, dans la Caisse des actions réunies.

En 1860 sa fortune se décomposait de la manière suivante :

Il possédait un immeuble rue Neuve-des-Mathurins n° 39 ; c'est là qu'il habite avec sa famille.

Viennent ensuite les rentes Espagnoles. Puis la gérance du *Constitutionnel* Et enfin la dot de sa fille.

Eh bien, Messieurs, je vais vous apprendre maintenant comment cette fortune s'est évanouie.

Aux prises avec la persécution, les ennuis, les tourments les plus cruels, M. Mirès, de son propre mouvement, a vendu ses rentes espagnoles et les 2 et 4 janvier 1861, il a versé à la Caisse des chemins de fer une somme de 1,326,366 fr. provenant de cette vente.

De ce côté donc, il ne lui reste plus rien.

La gérance du *Constitutionnel*, sans doute, si cette propriété était libre, si elle était franche et dégagée de toute prétention étrangère, elle aurait une grande valeur; mais le malheur de M. Mirès a rendu ses ennemis et ses adversaires plus hardis; aujourd'hui on lui conteste cette propriété.

Qui sait ce qu'il en adviendra? Qui sait ce que vaudra cette gérance?

Son compte-courant avec la caisse?

La liquidation a établi qu'il était en débit de 1,792,165, fr. 40 c. envers la Caisse. Or, l'hôtel de la rue Neuve-des-Mathurins est loin de valoir cette somme.

La vérité est qu'il est ruiné, complètement ruiné aujourd'hui.

Sa fortune n'est pas passée, comme on l'a dit, sur la tête de madame Mirès. Il le déclare hautement par ma bouche.

Voilà donc ces millions mystérieux, que l'imagination de certaines gens lui attribuait; voilà ces dépouilles opimes qu'il a conquises par la fraude sur la crédulité publique.

Et je n'ai pas tout dit.

Quel homme est-ce que Mirès?

J'entends encore ces témoignages qui vous représentaient ces scènes de désespoir et de récriminations auxquelles, lorsqu'elles arrivaient jusqu'à lui, il répondait l'œil sans larmes : Que voulez-vous que j'y fasse?

Il se cachait, dit-on, il faisait dire qu'il était à Marseille, pour se soustraire aux justes malédictions de ceux qu'il avait ruinés.

Voyez, nous disait-on, ce financier, au cœur dur, ce parvenu hautain, ce traitant insolent dans la prospérité.

Non, Mirès, n'est pas ce que vous voulez le faire paraître. Et à ce sujet, la prévention elle-même qui a voulu savoir ce qu'il était va nous renseigner.

Écoutez ces témoignages, messieurs :

Mirès est né à Bordeaux; cette ville est le berceau de sa famille. C'est là qu'il a connu la misère, qu'il a commencé cette lutte contre les choses de la vie, dans laquelle son âme s'est fortement trempée.

Eh bien! on a écrit à Bordeaux et voici la lettre qu'a répondue à M. le procureur impérial, le commissaire central de Bordeaux.

Bordeaux, le 9 mars 1861.

Monsieur le procureur impérial,

J'ai l'honneur de répondre à votre dépêche du 8 mars courant par laquelle vous me demandez des renseignements au sujet de M. Mirès :

... Vers 1830, Mirès était dans une position excessivement gênée; il s'occupait de faire dégrever les impôts, et voici comment il procédait : Il travaillait pour les contributions directes et faisait presque tous les avertissements; il présentait ensuite chez les personnes dont les impositions lui paraissaient trop fortes, et leur offrait de partager la somme qu'il réussirait à faire diminuer; il gardait toujours naturellement la meilleure part. Il fit preuve dans cette industrie d'une grande habileté, et ne donna lieu à aucune plainte...

Quoi! lorsqu'au temps de sa misère il n'a donné lieu à aucune plainte, quand la fortune lui aura souri, il deviendra un malhonnête homme! Je continue :

Mirès a une nombreuse famille à Bordeaux, qui était autrefois dans la misère, mais au secours de laquelle il est largement venu...

Mais ne lui tenons pas compte de ce qu'il a fait, ni pour sa famille ni pour ses employés, le ministère public a reconnu qu'il avait toujours été bon pour eux. Je poursuis :

Il a justifié l'excellence du proverbe, qui dit que nul n'est prophète en son pays, car Bordeaux est loin d'être atteint par sa déconfiture, comme Paris, Marseille et Lyon. La générosité dont il a fait preuve est parfaitement connue; tout le monde sait qu'il est toujours empressé de faire une bonne action et qu'il a secouru bien des malheureux qui s'étaient adressés à lui.

Tels sont, M. le procureur impérial, les seuls renseignements que j'ai pu recueillir sur Mirès, c'est du reste l'expression des souvenirs qu'il a laissés à Bordeaux...

Comment! lorsque vous étiez dans la misère, vous n'avez donné lieu à aucune plainte, et vous auriez attendu le moment de la prospérité pour entrer dans une voie déshonnête, pour devenir un voleur!

Mirès a une famille nombreuse à Bordeaux.

Il avait justifié l'excellence du proverbe : Nul n'est prophète en son pays. Il n'avait pas trouvé, non plus que les autres, la fortune dans sa ville natale. Il est venu généreusement au secours de toute cette famille qui le bénit aujourd'hui.

Que vous dirai-je? C'est un homme dont la générosité est parfaitement connue. Bien des infortunes se sont adressées à lui et ont été soulagées. Un jour, un malheureux officier se trouvait avoir besoin, sur le moment même, d'une somme assez forte. M. Mirès a tiré de son secrétaire les billets de banque qui lui étaient nécessaires et les lui a donnés.

Les traits de sa bienfaisance sont nombreux.

Que de lettres n'ai-je pas reçues moi-même qui en rendent témoignage!

Écoutez celle-ci :

Monsieur,

Les dames du conseil de l'œuvre des Saints-Anges croiraient manquer au devoir de la reconnaissance si elles ne vous faisaient connaître dans les circonstances présentes un trait de bienfaisance de M. Mirès, dont elles ont gardé le plus touchant souvenir. Il y a quelques années, l'œuvre se trouvant dans un embarras pécuniaire, M. Mirès vint à son secours en donnant généreusement une somme de 5,000 fr. qui aida puissamment à satisfaire aux besoins momentanés. Ce qui rehausse encore cette belle action, c'est que M. Mirès avait témoigné le désir qu'elle restât secrète. Mais aujourd'hui ces dames, encore sous l'impression de sa gracieuse libéralité, ne peuvent résister à l'élan de leur cœur qui les porte à vous en donner connaissance. Si ces détails, monsieur, peuvent être de quelque utilité pour la défense de M. Mirès, nous serons trop heureuses d'avoir pu coopérer à adoucir l'amertume de sa position.

Nous vous prions, monsieur, etc.

Pour les dames de l'œuvre,

A. DE GRAMMONT, née DE RENAUD D'ALLEN.

Lorsque M. Mirès a été arrêté, on a fouillé ses tiroirs et parmi d'autres papiers qu'il n'avait pas eu le temps de classer, on a trouvé des lettres comme celle-ci :

Montrouge, le 10 décembre 1857.

Monsieur,

Pardonnez-moi, mais nous voulons que vous vous vantiez de vos bonnes actions et de vous en souvenir alors que tant d'autres bonnes œuvres sont peut-être déjà effacées :

Acceptez, nous vous en conjurons, ce fauteuil entrepris par nous avec tant de confiance et de joie, et que nous ne vous offrons cependant aujourd'hui qu'en tremblant. Peut-être, en effet, commettons-nous ici une action en dehors des usages, cela, monsieur, ne le jugez pas tel ; nous avons voulu vous témoigner notre reconnaissance de la seule manière qui fût en notre pouvoir et vous prouver que notre cœur garde précieusement le souvenir de celui qui nous a secourus.

Recevez.

Vos servantes,

Eugénie et Amélie Roux.

Voici encore une lettre du même genre :

Monsieur,

Je n'ai pas l'honneur de vous connaître personnellement ; je ne vous ai jamais vu...

Mais lorsque mon vieil ami et camarade d'armes de......, l'un de vos employés est mort, vous vous êtes empressé de payer ses dettes, son enterrement, et de donner une certaine somme à ses demoiselles (deux), qui n'étaient pas heureuses. Cette bonté de votre part m'a vivement touché, et je ne puis mieux vous le prouver qu'en vous remerciant pour ce que vous avez fait pour mon vieil ami, et vous autorisant de faire l'usage que vous jugerez convenable de ma lettre.

Recevez, etc.

CARTE, négociant.

Plus d'une fois il s'est apitoyé sur le sort des malheureux prisonniers pour dettes.

L'un d'eux, qu'il avait retiré de la prison pour dettes, lui écrivait :

Monsieur,

Il est de mon devoir, et ma reconnaissance m'oblige à vous faire part du fait suivant :

En 1858, j'étais détenu à la prison pour dettes,

il me manquait une certaine somme pour obtenir ma liberté. Ma mère, une sainte femme, et dont je suis le seul soutien, s'adresse à M. Mirès afin d'obtenir de sa générosité cette somme nécessaire à mon élargissement, et qu'il lui fit remettre immédiatement, en attachant sur elle un regard plein de bienveillance et de bonté, comme ayant conscience de tout le bonheur qu'il rendait au cœur de cette pauvre mère désespérée. De semblables services se gravent dans le cœur et ne s'oublient jamais ; toute notre famille en garde une reconnaissance éternelle, fait des vœux pour que cette fâcheuse affaire se termine à la satisfaction de son bienfaiteur, qui a été éprouvé par bien des ennemis, mais qui peut compter sur bien plus d'amis, qui lui sont tous dévoués...

J...

Les établissements de charité savaient qu'ils pouvaient le compter parmi les bienfaiteurs des pauvres. A côté des dames des Saints-Anges, se placent les Petites Sœurs des pauvres :

Voici une lettre à ce sujet :

« Monsieur et cher bienfaiteur,

« Dans l'espoir d'avoir l'honneur de vous voir en personne, les Petites Sœurs des Pauvres ont retardé jusqu'à ce moment de vous adresser leurs sincères remercîments pour la générosité avec laquelle vous avez favorisé leur œuvre.

« Déjà votre nom était inscrit sur nos registres, mais il a repris encore de l'éclat parmi ceux de nos bons bienfaiteurs.

« Soyez persuadé, monsieur, que chaque jour la prière du pauvre et des Petites Sœurs s'élèvera vers le ciel en supplication ardente pour que le Seigneur bénisse toutes vos entreprises, récompense tant de bienfaits que votre main libérale répand sur tous les malheureux, et qu'il vous conserve toujours cette noblesse de sentiments qui semble faire votre caractère principal.

« Daignez agréer, monsieur, etc.

« Marseille, le 29 octobre 1856. »

Non la fortune de Mirès n'était pas mal acquise. Elle était le fruit de son travail et il l'employait à des œuvres de bienfaisance et de libéralité.

Pour lui, qu'était-il, quelle était son existence?

Simple dans ses habitudes, dans ses vêtements, il dépensait peu pour lui-même. Tous ses instants étaient consacrés au travail ; tout son temps était passé au milieu de sa famille dont il est adoré. Jamais on ne le vit déployer ni faste ni luxe ; il n'avait pas même de maison de campagne ; rien dans sa vie ne le désignait comme un de ces riches que l'on maudit.

Que reste-t-il donc à examiner? son caractère? Il est, il est vrai, impétueux, vif, et se plie difficilement à ce que l'on veut exiger de lui. Mais comment cette tête échauffée par le soleil du Midi, serait-elle calme et froide?

Comment cette imagination si riche, si mobile, ne serait-elle pas sujette à un peu d'irritation?

On a lu ici une lettre de M. Raynouard qui lui écrivait : « Votre aversion instinc-« tive pour la légalité, est un obstacle à « ce que l'on puisse discuter avec vous. »

Celui-là, messieurs, regrette aujourd'hui cette parole échappée à la suite de moments difficiles. Il m'a écrit que jamais il n'avait voulu dire par là qu'il soupçonnât la loyauté de Mirès.

Un financier célèbre dont il avait ressenti les bienfaits s'était éloigné de lui à la suite de quelques paroles vives échangées entre eux. Mais Mirès a le sentiment de la reconnaissance et il fait les premiers pas pour revenir vers son bienfaiteur auquel il écrit :

« M. Emile Pereire,

« Si j'obéissais plutôt aux instincts de mon esprit qu'aux inspirations de mon cœur, je ne vous adresserais pas ces lignes ; mais il me revient de si étranges choses, on me prête un langage si odieux et si méconnaissant, que mes sentiments pour vous se révoltent à la pensée que vous puissiez y ajouter foi un instant.

« Il est parfaitement vrai que, blessé d'un refus offensant, et poussé d'ailleurs par une conviction sérieuse, j'ai pu critiquer la direction imprimée aux opérations des sociétés dont vous faites partie ; mais ces sociétés étant anonymes, les critiques qu'elles soulèvent n'ont rien en définitive qui vous soit personnel. Ceci établi, j'arrive à la question personnelle entre vous et moi. Il me paraît évident que dans votre esprit ma conduite est une noire ingratitude, et cependant je suis convaincu qu'au fond de votre conscience vous me rendez une meilleure justice. Quoi qu'il en soit, je crois utile de bien établir ma situation envers vous.

« Il y a bien des années que vous avez été le bienfaiteur constant de ma famille ; mon père, mon frère, mes sœurs ont tous reçu les marques de votre généreuse amitié, et c'est ce souvenir qui rend si pénible pour moi la rupture de nos relations qui, vous le savez, ne sont jamais sorties du cercle des affaires.

« Cet aveu, je le fais... »

Et puis, messieurs, écoutez ces nobles paroles :

« Si le service élève celui qui le rend, il n'abaisse pas celui qui le reçoit. Je suis sûr que vous en jugerez comme moi... »

Oui, M. Mirès est un noble cœur et nous ne craignons pas de trahir devant vous le bien qu'il a fait.

Ah ! messieurs, lorsqu'il se laissait emporter par la fougue de son âme à des éclats qui ont troublé le silence respectueux qui doit se faire devant la justice, il n'était plus maître de lui ; il était sous l'influence d'une terrible épreuve qu'il venait de subir du secret où il avait été mis.

Oui, lui, l'homme au cerveau de feu, avait été jeté tout à coup dans une froide cellule, comme dans un tombeau.

Ecoutez ce que dit un de nos anciens confrères, devenu un chef éminent de la magistrature sur le secret.

Voulez-vous savoir ce que la prévention fait de celui qu'elle enlève ainsi tout à coup du milieu des siens ?

Elle le met dans un endroit qu'on appelle *le secret*, où il ne communiquera avec personne, où il n'entendra aucun bruit du dehors ; ce n'est pas, sans doute, un endroit malsain (l'administration ne le permettrait pas) ; mais c'est comme un tombeau, où règnera une inquiétude toujours croissante, un silence toujours égal. Que sont devenues vos affaires ? Votre fille, qu'est-elle devenue ? Vous ne pouvez pas le savoir. Où sont vos amis malades, votre fille en couches, votre enfant nouveau-né, votre père qui se mourait ? Vous ne pouvez pas le savoir. Voilà ce que c'est que le secret. On vous met là, on vous y enferme, on vous y laisse ; et ce supplice, car c'en est un, il dure plusieurs jours, plusieurs semaines, plusieurs mois.

Paroles prophétiques, messieurs, car lorsque Mirès était mis au secret, sa fille, qu'il avait laissée en proie aux douleurs de l'enfantement, mettait au monde un fils loin de son père à elle, et il ne put apprendre cette nouvelle que par une voie extraordinaire.

N'est-il pas excusable, l'homme qui ayant passé par de semblables épreuves, se laisse aller à un emportement d'un instant ?

L'audience est un moment suspendue.

M. Mirès paraît fort ému de la plaidoirie de son avocat.

A la reprise de l'audience, Me Plocque s'exprime ainsi :

Vous venez de voir en Mirès l'homme bon, l'homme simple, serviable, généreux ; l'homme ignorant le faste, la prodigalité. Heureux parmi les siens, il commençait à recueillir le fruit de ses labeurs. Une dernière distinction, le signe de l'honneur et du mérite était venu couronner cet édifice de bonheur.

Comment est-il tombé ? Comment cette prospérité s'est-elle tout à coup écroulée ? Où est la cause de cette ruine ? Mirès serait-il en un instant devenu le semblable des vagabonds et des misérables qui viennent s'asseoir sur le banc de police correctionnelle ?

Ont-ils acquis le droit de dire à cette puissance tombée de son trône : tu es notre égal ; toi aussi tu es un escroc et un voleur.

Quelle chute terrible, messieurs ! Qui de vous ne la comprend avec son cœur ? Qui de vous ne compatirait à de telles souffrances ? La cause de sa chute, messieurs, la voici :

Il s'est rencontré un homme, portant un beau nom, qui a conçu l'idée de tirer profit des embarras de la Société des chemins de fer.

Pour celui-là, ce n'était pas assez que

7

d'avoir puisé dans la Caisse avec l'assentiment des gérants et pour des dépenses avouées.

Il songea en outre à se servir de l'argent de cette Caisse, non-seulement pour éteindre les dettes qu'il avait contractées envers elle, mais encore pour s'enrichir.

Que demanda-t-il ?

D'abord que toutes les sommes portées à son débit fussent effacées.

Puis, ce n'était pas assez ; pour les services qu'il avait rendus, il ne craignit pas de demander une somme de 1,700,000 fr. Il avait été à Marseille, puis à Rome, représenter les intérêts de la Compagnie.

Pour son séjour dans la première de ces villes il demande 500,000 fr. C'est sa part pour les soins qu'il a donnés à l'affaire des Ports de Marseille. Les soins d'un administrateur sont d'ordinaire gratuits. Mais lui, il les estime d'un si grand prix qu'il ne craint pas de demander ce qui serait la fortune de plusieurs familles pour des voyages de quelques mois dans des contrées où le plaisir et la distraction conduisent d'habitude les voyageurs.

Une fois, on lui envoie pour 11,000 fr. de vins pour traiter magnifiquement, aux frais de la Caisse, les étrangers au milieu desquels il se trouve.

Mirès cependant, à un moment venu, ne peut plus satisfaire de pareilles exigences. Il ferme la caisse à celui qui s'était habitué à y puiser si largement.

Aussitôt lutte, menaces.

Le 3 juin, la guerre éclate entre les adversaires.

C'est une réponse de Mirès à Solar qui s'était fait l'écho des plaintes de M. de Pontalba (je l'ai nommé), qui en donne le signal.

Tenez, Solar, réfléchissez ; vous m'avez vu quelquefois bien emporté, bien violent, m'avez-vous jamais vu commettre une action qui décèle un caractère méchant? et au contraire, ne m'avez-vous toujours pas vu victime de la bonté de mon cœur?...

Le 19 juin, Mirès écrit encore :

19 juin 1860.

Pour en revenir à la mission que vous avez confiée à Osiris, je vous dirai, quant à Pontalba, que mon désir de lui être utile, ainsi qu'à sa famille, est très-sincère, et j'ajoute que j'ai plus que l'espoir d'y parvenir.

Quant à présenter votre démission au Conseil, non-seulement je ne le ferai pas, mais je m'y opposerai. Pour le règlement du compte que vous demandez, je refuse péremptoirement. Enfin, et quant aux pièces que vous avez dans les mains, je vous les laisse, vous êtes libre d'en faire l'usage qu'il vous plaira.

Vous le voyez, on menaçait Mirès ; on lui parlait de pièces compromettantes. — Que répond-il. — « Je ne veux pas acheter votre silence au prix de 1,700,000 fr. »

Était-il coupable? Son honneur était-il en jeu ? Non.

Le 5 juillet, il écrit de nouveau :

« Pour répondre aux menaces de révélations qui me sont faites, je vous préviens que, si dans u bref délai vous n'avez pas soldé votre compte, ou donné des garanties, et si vous n'avez pas rétabli à la caisse des titres les 1,656 actions de la caisse que vous devez, des mesures seront prises en conséquence, et j'aurai à m'adresser à qui de droit. »

Plus tard encore, il brave les menaces, parce qu'il a conscience de son innocence.

Le 2 octobre, Solar écrit à M. Avond :

2 octobre 1860.

Cher monsieur,

Je crois devoir vous donner un avis dont vous n'avez pas assez tenu compte, de Pontalba va vous faire un affreux scandale ; si l'on avait suivi mes conseils, tout cela eût été évité; mais je joue ici, comme en bien d'autres circonstances, le rôle de Cassandre.

Enfin, je vous préviens; vous ne direz pas que vous n'avez pas été averti.

A vous,

SOLAR.

Et cependant Mirès ne cède pas. Et M. de Pontalba, que fait-il? Il cherche à obtenir de M. Barbet-Devaux des détails compromettants pour Mirès. On vous a lu à l'audience une lettre qui le prouve ; c'est celle que M. Barbet-Devaux, qui ne veut pas être accusé de la perte de Mirès, obtient de M. de Pontalba.

Le temps a marché, cependant. Nous sommes arrivés au mois d'octobre 1860. M. de Pontalba dit à Mirès : « Vous êtes bon à exécuter ; je vais vous exécuter. — Essayez, » dit Mirès.

Comprenez-vous, messieurs; ceci ne veut-il pas dire : « La bourse ou la vie! »

Armé des renseignements de M. Barbet-Devaux, M. de Pontalba va trouver M. le comte Siméon, président du Conseil de surveillance, et à la suite de cette communication, la délibération suivante est prise par le Conseil. Elle est à la date du 12 novembre, jour où se sont réunis les membres du Conseil convoqués à cet effet par leur président :

M. le comte Siméon annonce qu'il a reçu le 9 novembre la visite de M. le baron de Pontalba, membre du conseil de la Caisse générale des chemins de fer, qui est venu lui déclarer que, n'ayant pu se mettre d'accord avec M. Mirès, gérant de la Caisse, sur des questions d'intérêt qui les divisaient, il avait pris le parti de l'actionner au civil, et de déposer contre lui, au ministère de la justice une dénonciation sur de prétendus faits d'irrégularité dans la gestion de l'établissement financier qu'il dirige.

M. le comte Siméon a fait observer à M. le baron de Pontalba que, s'il avait eu connaissance des irrégularités dans la gestion de la Caisse, sa loyauté lui commandait d'en saisir ses collègues du conseil pour vérifier les faits, avant de porter une dénonciation devant le chef de la justice. M. de Pontalba a répondu qu'il donnerait sa démission de membre du conseil de surveillance, et, sur l'observation qui lui a été faite par M. le comte Siméon que la voie qu'il adoptait était inouïe, il a répondu que, ne pouvant amener M. Mirès à tenir les promesses qu'il lui avait faites, il était décidé *à se venger de lui...* »

Comment les membres du Conseil reçoivent-ils cette communication? Vous allez le voir :

... Un membre fait remarquer que M. de Pontalba n'a jamais saisi le conseil d'aucun examen d'irrégularité; qu'il a exactement participé aux séances du conseil, avant son voyage à Rome comme après son retour, et qu'il n'a cessé de venir s'associer soit à ses réunions, soit à ses conférences que depuis une ou deux années.

Quels sont maintenant les résolutions du Conseil à cet égard ? Écoutez :

Considérant que les plaintes articulées par M. le baron de Pontalba, lesquelles ont été rapportées par M. le comte Siméon, ont un caractère exagéré et sans gravité apparente;

Considérant que, dans toutes les séances qui ont eu lieu antérieurement, M. de Pontalba n'a jamais signalé, soit à la gérance, soit à ses collègues, des faits graves d'aucune espèce ;

Considérant que le conseil a toujours trouvé M. Mirès disposé à lui donner les explications désirables, et qu'en admettant que des erreurs, inséparables d'une grande entreprise, aient pu être commises, M. Mirès a toujours été le premier à les reconnaître, et à les signaler même, à les réparer avec une netteté qui ne saurait laisser de prise à une accusation de mauvaise foi...

M. Mirès rappelle au conseil, à ce sujet, qu'à la suite d'un acte commis par M. Devaux, et la situation de ce dernier dans la maison étant devenue impossible, il lui demanda de faire, avant son départ, une vérification de toute la comptabilité pendant qu'il en avait eu la direction absolue et exclusive, et de lui signaler toutes les erreurs ou irrégularités qui auraient pu être commises, afin que la rectification en fût immédiatement opérée.

Le Conseil enregistre, en effet, la déclaration que fait M. Mirès, à savoir que, pour arriver à ce but, il a demandé plusieurs fois à son chef de la comptabilité, M. de Vaux, un travail d'ensemble, relevant et rectifiant toutes les erreurs qui avaient pu être commises; que si ce travail n'a point été fait, c'est que ce chef de la comptabilité a déclaré, dans une lettre datée du 15 juillet, être dans l'impossibilité de le faire pour des raisons de santé, travail que, du reste, il n'a jamais consenti à faire;

Considérant que tous les membres du Conseil trouvent la conduite du baron de Pontalba blessante pour le Conseil, la communication étant postérieure à la plainte qu'il se vante d'avoir déposée, et manquant même, à ce point de vue, des égards les plus élémentaires qu'il devait envers ses collègues ;

Considérant qu'une semblable façon d'agir est sans précédent et mérite d'être caractérisée de la façon la plus grave ;

Attendu qu'en agissant comme il l'a fait, il a agi dans un but de vengeance essentiellement personnelle, sacrifiant ainsi les intérêts qu'il était chargé de défendre, comme mandataires des actionnaires ;

Déclare qu'il n'y a lieu, quant à présent, de faire aucun acte qui puisse être précisé, la plainte de M. de Pontalba n'étant point connue, et ayant tous les caractères de la dénonciation occulte et intéressée ;

Invite les gérants à tenir le Conseil de surveillance au courant de tout ce qui sera fait, afin que le Conseil, éclairé, puisse prendre les résolutions qui seront rendues nécessaires par les circonstances.

Après cela la guerre était déclarée. M. de Pontalba, repoussé par le Conseil de surveillance, s'adresse à la justice. Il assigne les gérants de la caisse à comparaître le 15 novembre devant la justice civile.

Voici sa requête :

Dans ces circonstances, M. de Pontalba à l'honneur de vous donner la présente, tendant à ce qu'il vous plaise, monsieur le président, l'autoriser à assigner à trois jours, vu l'urgence, MM. Mirès et Solar, pour s'entendre condamner en leur nom personnel, conjointement et solidairement, et par toutes voies de droit, à payer à M. de Pontalba la somme de 300,000 fr., qu'ils sont obligés à lui verser pour sa part dans les commissions et bénéfices à eux revenant sur l'affaire des Ports de Marseille et autres affaires s'y rattachant, et s'entendre, en outre, condamner, lesdits Solar et Mirès, aussi conjointement et solidairement, et par toutes les voies de droit, et ce, tant en leur nom personnel qu'au nom et comme gérants de la Caisse générale des chemins de fer, à payer audit M. de Pontalba la somme de 1,200,000 fr. qu'ils lui doivent pour les causes énoncées en la présente requête et à l'occasion notamment des chemins romains.

Et il ne s'en tient pas là.

Voyez jusqu'où va sa colère, sa fureur.

Il veut que la Société entière périsse. Il lance contre elle les imprécations de Camille dans les Horaces :

« Puissé-je. . . . .
« Voir le dernier Romain à son dernier soupir,
« Moi seule en être cause et mourir de plaisir !

Voyez ce qu'il a écrit :

« Oui, je veux la ruine entière, absolue de la société; je la mettrais en faillite demain, si je le pouvais.

« Je veux que Mirès reste jusqu'à la dernière heure pour assister à la catastrophe et en avoir sa part... »

Quelle sauvage fureur, messieurs, quelle haine ardente ! Je n'ai pas besoin d'en ajouter davantage pour que vous puissiez juger les sentiments de celui qui a écrit de semblables choses.

Tout était fini. M. de Pontalba envoie sa démission de membre du conseil de surveillance.

Paris, 4 décembre 1860.

Monsieur le président,

La gravité des révélations qui m'ont été faites

à l'occasion d'un débat privé sur la conduite des gérants de la Caisse des chemins de fer ne me permettait ni de garder le silence ni de continuer à faire partie de l'administration.

Je remplis donc un double devoir en déférant les faits à la justice et en vous adressant ma démission de membre du conseil de surveillance de la Caisse générale des chemins de fer.

Recevez, etc.

Signé : PONTALBA.

M. le comte Siméon lui répond :

Paris, le 5 décembre 1860.

Monsieur,

J'ai reçu la lettre que vous m'avez fait l'honneur de m'écrire hier.

Mes collègues du conseil de surveillance me chargent de vous prévenir qu'ils considèrent votre démission comme donnée depuis le 12 novembre, jour où je leur ai rendu compte de la démarche que vous aviez faite chez moi trois jours auparavant.

Je suis, monsieur, votre très-humble et très-obéissant serviteur.

Signé : SIMÉON.

A la froideur du ton qui règne dans cette lettre, il est aisé de reconnaître sous quelle impression le signataire l'a écrite.

En même temps qu'il envoyait sa démission, M. de Pontalba adressait sa plainte au parquet.

La justice est donc saisie de ces faits.

Dans ces circonstances, un rapprochement momentané s'opère entre les deux ennemis. Comment? Je l'ignore. On nous le dira peut-être bientôt ici. Pour ma part, je ne connais que les résultats du rapprochement que je livre à votre appréciation.

Le 11 décembre intervient la transaction suivante :

Entre les soussignés,

MM. J. Mirès et F. Solar, banquiers, demeurant à Paris, agissant pour leur compte personnel et en qualité de gérants de la Caisse générale des chemins de fer, représentée par M. J. Mirès seul comme ayant charge et pouvoirs ainsi qu'il le déclare, et se portant fort d'ailleurs, en tant que de besoin, pour la Caisse générale des chemins de fer et pour M. Solar, d'une part;

Et M. le baron de Pontalba, demeurant à Paris, d'autre part ;

A été dit et fait ce qui suit :

Dans le courant de l'année 1858, divers embarras ayant surgi au sujet de l'affaire des chemins Romains entreprise par la Caisse générale des chemins de fer, M. de Pontalba reçut la mission d'aller à Rome pour protéger les intérêts de la Caisse des chemins de fer et dans le but surtout d'obtenir du pouvoir souverain du Saint-Père la résiliation des engagements pris vis-à-vis de son gouvernement par MM. Mirès et Solar comme gérants.

Ces derniers, à titre de rémunération des soins de M. de Pontalba et du succès de la négociation, lui promirent une libération entière des sommes par lui dues à la Caisse.

Depuis le retour de M. de Pontalba un débat s'est élevé au sujet de la mission et de la rémunération par lui réclamée.

Antérieurement, une autre mission avait été confiée à M. de Pontalba; il avait été chargé de surveiller, à Marseille, les intérêts engagés dans la Société des Ports de Marseille; de ce chef, M. de Pontalba réclame, comme lui ayant été promise, une indemnité de 500,000 fr.

Des difficultés se sont élevées entre les parties au sujet de ce double règlement; une instance civile a été entamée par M. de Pontalba; elle a donné lieu à la transaction suivante :

MM. Mirès et Solar, faisant droit aux réclamations de M. de Pontalba, lui donnent par les présentes quittance pleine et entière ;

1° De la dette hypothécaire résultant de l'obligation passée devant Mᵉ Gossard, notaire à Paris, les 21 et 25 janvier 1858, au principal et accessoires;

2° De la somme de... fr. due par M. de Pontalba en compte-courant, en sus de la dette hypothécaire et des dépenses faites à Rome pour le compte de la Société des chemins Romains, dépenses qui ne sont pas à la charge de M. de Pontalba.

De plus, MM. Mirès et Solar ont à l'instant payé à M. de Pontalba une somme de 200,000 fr. pour leur compte et à leur charge personnels, à titre de rémunération pour les soins donnés à l'affaire des ports de Marseille.

Au moyen de la présente transaction, tous comptes se trouvent complétement réglés entre les parties qui reconnaissent respectivement n'avoir plus à exercer aucune réclamation pour quelque cause que ce soit.

Fait double à Paris, le... décembre 1860.

C. DE PONTALBA et J. MIRÈS.

Quel sentiment a pu porter M. Mirès à acquiescer à une aussi dure transaction? Sa sollicitude pour les intérêts des actionnaires de la Caisse. Il pensait ainsi détourner de leur tête cet orage qu'il apercevait. Il accomplit donc ce sacrifice et, peut-être, je ne puis que le présumer, il pensait que tout était fini et qu'il allait pouvoir, par son travail, réparer cette brèche faite aux intérêts qui lui étaient confiés.

M. de Pontalba, en effet, se désista, et en échange des dix-sept cent mille francs que Mirès avait jeté dans la main de ce nouveau Bélisaire, il obtint cet écrit :

Je soussigné, Célestin-Joseph Delfau de Pontalba, propriétaire, demeurant à Paris, rue Saint-Georges, 38, déclare me désister purement et simplement de la plainte que j'ai déposée le 4 de ce mois contre M. Mirès au Parquet de M. le procureur impérial.

Paris, le 17 décembre 1860.

Signé : DE PONTALBA.

De cette regrettable affaire, il restait des traces, les pièces et les lettres échangées de part et d'autre. Quelqu'un, je ne sais qui, proposa de les anéantir.

Ce fut à M. Avond que fut adressée cette proposition par Mᵉ Mocquart, notaire, mandataire de l'autre partie.

Voici comment M. Avond répondit à cette ouverture :

«Paris, le 22 décembre 1860.

« Mon cher maître,

«M. Mirès ne peut et ne veut, sous aucun prétexte, consentir à la destruction des pièces qui sont entre les mains de M. de Pontalba. Cette destruction semblerait, à tort ou à raison, l'aveu d'une faute qu'on est aise de faire disparaître, et telle n'est pas, Dieu merci, la situation. Que M. de Pontalba payé, les pièces restent entre vos mains... »

Et au bas de cette lettre, M. Mirès trace ces mots de sa main :

« Je m'associe à la lettre de M. Auguste Avond, et quelque douloureuse que soit cette transaction, je l'accepte.

« Mais, dans aucun cas, je ne consens à la destruction des pièces.»

Eh bien! Messieurs, je vous le demande, s'il y avait eu là un monument élevé à la honte et à la confusion de M. Mirès, en eût-il demandé la conservation? Ne se fût-il pas empressé d'en faire effacer tout vestige. Non, il se sentait innocent; s'il y avait un rôle odieux, il n'était pas de son côté. Il ne redoutait pas pour son compte la révélation de ces faits.

Et cependant, Messieurs, la justice a continué à instruire.

Et quand je pense que M. Mirès, dans cette horrible position d'un homme qui se voit menacé de toutes parts, qui ne sait si le jour du lendemain lui appartiendra, a eu assez d'énergie, de souci des intérêts de ses actionnaires pour faire face à ses affaires, pour remplir ses engagements, pour ne pas être écrasé par l'immense responsabilité qui pesait sur lui, je déplore profondément le malheur qui lui est arrivé. Il était parvenu à se relever; l'emprunt ottoman lui assurait un bénéfice de plus de 80 millions; et il est tombé, au milieu de ces alternatives d'espoir et de douleur qui suffiraient pour égarer la tête la plus forte et le cœur le plus ferme.

Me Plocque s'arrête, visiblement ému par les images qu'il a invoquées. Il est plus de cinq heures. M. le président remet l'audience à demain.

AUDIENCE DU 6 JUILLET.

À midi, le Tribunal entre en séance.

M. le président. — Le tribunal reçoit à l'instant la lettre suivante de M. le procureur impérial :

« Monsieur le président,

« A votre audience d'hier, Me Plocque
« a entrenu le tribunal de la déclaration
« de M. Avond. Il en a loyalement désa-
« voué les insinuations et les réticences;
« mais rien ne doit rester équivoque sur
« cet incident, que je devais croire terminé
« par l'énergique dénégation de M. l'avo-

« cat impérial. La vérité est simple; il
« suffit d'un mot pour la rétablir.

«J'affirme que Mirès a été appelé chez
« moi, dans la matinée du 17 décembre,
« pour recevoir communication de la dé-
« cision qui, transformant la saisie de ses
« livres en séquestre, lui permettait de
« continuer les affaires de sa maison pen-
« dant les préliminaires de l'instruction.

« J'affirme que Mirès, ayant fait allusion
« aux négociations qui se poursuivaient
« depuis la veille pour sa transaction avec
« M. de Pontalba, je me hâtai de lui dire
« qu'une transaction, quelle qu'elle fût,
« ne pouvait exercer aucune influence sur
« l'issue des poursuites.

» J'affirme que, loin de pouvoir empor-
» ter aucune espérance sur l'abandon de
» la procédure, Mirès ne se retira de cette
» entrevue, à laquelle assistait M. le juge
» d'instruction Daniel, qu'après avoir reçu
» l'invitation de comparaître le lendemain
» dans le cabinet de ce magistrat pour y
» subir un interrogatoire.

» Voilà, monsieur le président, ce que
» je tenais à affirmer nettement. Cet in-
» cident est étranger aux questions qui se
» débattent devant le Tribunal. Ce n'est
» pas à vous qu'il s'adresse, c'est à l'opi-
» nion publique qu'on espère faire illu-
» sion, et je suis sûr qu'elle ne s'y mé-
» prendra pas.

» Recevez, monsieur le procureur im-
» périal, etc.

» DE CORDOEN. »

Me Plocque. — Je n'ai rien désavoué, monsieur le président.

M. le président. — Il ne peut y avoir d'incident à ce sujet.

Me Plocque. — Permettez, M. le président. Mon nom est dans la lettre... J'ai le droit de faire une observation. Je veux dire qu'en parlant ici, je plaide pour les juges qui m'écoutent et que je ne me préoccupe nullement de l'opinion publique.

M. l'avocat impérial. — Me Plocque, votre parole a été ce qu'elle devait être : bonne et loyale. Ce n'est pas à vous que s'adresse cette lettre.

M. Mirès. — A qui donc alors ?

M. le président. — A personne dans cette enceinte. Me Plocque, vous avez la parole.

Me Plocque se lève, mais au même instant Me Sénard, défenseur de M. de Pontalba, se lève aussi et demande à dire quelques mots.

M. le président. — Parlez.

Me Sénard. — Hier, mon honorable confrère vous a lu un fragment d'une lettre qu'il attribuait à M. de Pontalba, lettre qui exhalait une colère violente contre la Société de la Caisse des chemins de fer. M. Mirès soutient-il que cette lettre vient de M. de Pontalba?

M. Mirès. — Je n'ai eu connaissance de la lettre en question que par mon défenseur.

M⁰ Sénart. — Qui a envoyé cette lettre?

M⁰ Plocque. — Cette lettre est adressée à M. Solar.

M⁰ Sénart. — Eh! bien, messieurs, je vais vous éclairer sur cette lettre. La lettre est, il est vrai, de l'écriture de M. de Pontalba, mais elle n'est pas de lui. Et savez-vous de qui émanent les imprécations qu'elle renferme? De Mgr de Mérode, le ministre du Saint-Père. Je m'explique. M. de Pontalba a connu à Rome M. Ducros, ingénieur en chef des chemins Romains. De retour à Paris, M. de Pontalba a continué ses relations avec cette personne par la correspondance. Or, c'est M. Ducros qui, au sortir d'une visite de chez Mgr de Mérode, a écrit cette lettre à M. de Pontalba et ce dernier, sous les yeux mêmes de M. Mirès, dans le cabinet et sur le bureau de celui-ci en a copié le passage que l'on vous a lu à l'audience d'hier. (Sensation dans l'auditoire.)

J'ai demandé à M. de Pontalba s'il avait conservé l'original de cette lettre. Il n'y pensait plus, il ne savait ce qu'elle était devenue. Une affreuse anxiété s'est emparée de lui. Cependant il a cherché, et au milieu de la nuit, il est arrivé chez moi effaré, triomphant et m'apportant la lettre en question. La voici, Messieurs :

« Rome, 19 mai.

« Cher monsieur,

« Je vous écris... (suivent de très-longs « détails). Que de temps perdu aux niaise-« ries semées sur la route des grandes af-« faires! J'arrive au sérieux. Le duc (c'est « le duc de Massimo) est toujours parfait, « mais le jeu de bascule qui a mis un peu « bas le cardinal n'a pas relevé sa propre « position. J'ai peur qu'il ne soit au pre-« mier jour destitué et le commissariat, « devant la mauvaise humeur des prélats, « surexcitée par les *frasques* de Mgr de « Mérode, sacrifiera ce pauvre duc à la « première occasion. Je ne lui ai encore « rien remis officiellement. J'attends la « lettre annoncée par M. Mirès pour re-« mettre une courte note demandant les « modifications dont nous sommes conve-« nus entre nous. »

Mais écoutez ceci, messieurs:

« J'ai eu ce matin trois quarts d'heure « de conversation avec Mgr de Mérode, « qui, après un début assez calme, a été « pris d'un véritable accès de fureur pen-« dant lequel il me l'a répété en se frappant « poitrine à la briser : « Oui, je veux la « ruine.... »

M⁰ Sénart : Monsieur l'avocat impérial, vous avez la bonté de collationner....

« ... Oui, je veux la ruine entière, ab-« solue de la Société ; oui, si je pouvais, « je la mettrais demain en faillite; je si-« gnerais de mon nom, dans le journal, « officiel, une note répétant ce que je « vous dis là. Je veux qu'elle soit ruinée « pour tout le mal qu'elle a fait...» (Il s'agit de la Société des chemins Romains).

M⁰ Senard : Il est vrai qu'on a eu soin de passer ces derniers mots qui n'avaient plus de sens dans la bouche de M. de Pontalba...

Continuant :

« ... Je veux que Mirès reste jusqu'à la « dernière heure pour assister à la cata-« strophe et en avoir sa part... Un quart « d'heure durant il a exhalé sa bile, me « laissant épouvanté de ce véritable accès « d'épilepsie. Nous avons là un ennemi « sur lequel nous pouvons compter... »

Suivent d'autres détails.

« Signé : DUCROS. »

Et maintenant, Messieurs, je frémis à l'idée de l'horrible situation que la perte de cette lettre eût occasionnée à M. de Pontalba, et je vous demande si son usage n'est pas mille fois plus coupable que la production d'un faux matériel!

Comment, M. Mirès! vous avez vu écrire cette lettre sous vos yeux et vous l'avez laissée lire ici!

M. Mirès. — C'est faux! je ne la connaissais pas.

M. l'avocat impérial. — Vous n'avez pas le droit d'élever la voix dans cette enceinte. La bonne foi du défenseur a été indignement surprise.

M. Mirès. — C'est faux! Je n'ai jamais connu cette lettre.

M. le président. — Silence, M. Mirès!

M⁰ Plocque. — Un peu de patience, messieurs, et tout s'expliquera.

M. Mirès s'agite sur son banc.

M⁰ Plocque. — N'ajoutez pas un mot, M. Mirès, je vous en prie. Messieurs, je vais vous dire comment cette lettre est entre mes mains. Elle s'est trouvée dans les papiers que M. Solar a laissés à Paris, et elle m'a d'abord été remise. Je l'ai fait renvoyer à M. Solar par son mandataire. Mais elle m'est revenue de la part de M. Solar qui me faisait dire que la défense pouvait en faire usage. Je l'ai alors montrée à M. Mirès qui ne la connaissait pas et qui ne comprenait pas quel parti on en pouvait tirer, et c'est moi qui ai jugé devoir la lire à l'audience.

M⁰ Sénart. — Si cette pièce, comme c'est l'usage, m'avait été communiquée avant l'audience, ceci ne se serait pas produit.

M⁰ Plocque. — En matière criminelle, je ne professe pas que l'on soit obligé de communiquer les dossiers à son adversaire.

M⁰ Sénart. — C'est l'usage.

M. le président. — Cet incident ne doit

pas aller plus loin. Reprenez votre plaidoyer, M⁰ Plocque.

M⁰ Plocque. — Messieurs, on a dit, en présentant la situation de M. Mirès, qu'il ressortait un actif de 8 millions. M. Mirès prétend que cet actif est de près de 49 millions, et il fait passer sous vos yeux l'énoncé de ses chiffres. Le voici :

Tableau des pertes éprouvées par la Caisse par suite de la dénonciation Pontalba

1° Perte sur le chemin de Pampelune pour résiliation des engagements.	3,414,439
2° Perte sur l'emprunt ottoman par résiliation des engagements.	2,500,000
3° Pertes sur les chemins Romains pour résiliation des engagements.	8,000,000
4° Perte sur la clientèle.	939,638
5° Réduction sur le portefeuille.	14,121,359
6° Perte sur les comptes-courants, notamment par suite de la baisse des valeurs de la maison sur lesquelles des avances avaient été faites.	12,000,000
7° Solde disponible.	8,008,000
Total.	48,975,436

Je n'insisterai pas davantage sur ce sujet.

Ce que je veux maintenant mettre en relief, c'est la bonne foi parfaite de M. Mirès. J'aurais à citer bien des faits à l'appui de mon dire. Un seul suffira. C'est la nomination de M. Avond au poste de secrétaire général. M. Avond n'était pas un instrument entre les mains de M. Mirès. Comment la prévention qui connaît ses principes de loyauté et de rectitude a-t-elle pu supposer cela ? M. Avond est un de ces hommes dont on dit qu'ils sont résolus, partout où ils vont, à faire courber la fraude sous leur parole d'honnête homme. Non, M. Avond n'était pas un instrument, et surtout un instrument docile.

M⁰ Plocque aborde ensuite les faits délictueux. Le premier est celui des exécutions. C'est, dit-il, une opération complexe qui a plusieurs phases. Il y a d'abord la vente des valeurs apportées ; puis l'exécution proprement dite. Il n'y a pas là qu'un seul fait auquel on doive rattacher toutes les autres conséquences pour lui donner un caractère délictueux.

Ce que M. Mirès a fait il avait le droit de le faire, et vous n'oublierez pas que si un certain nombre de témoins sont venus vous apporter leurs plaintes et leurs récriminations, d'autres vous ont déclaré qu'ils considéraient la mesure comme une mesure d'ordre général parfaitement légale.

M⁰ Plocque discute le fait au point de vue du droit. Il se forme, selon lui par la dation d'une couverture d'un côté et la remise d'une somme d'argent de l'autre, un véritable contrat entre les deux parties d'après lequel l'une est débitrice en argent, l'autre en titres. L'instruction elle-même a établi que les valeurs étaient données en compte-courant, car la maison n'acceptait que des titres au porteur et ne leur donnait jamais de numéro, signe qui eût pu être le caractère d'une propriété individuelle. Or, les valeurs apportées étaient essentiellement fongibles, sujettes à dépréciation et à un moment de baisse, elles pouvaient devenir pour la maison qui les avait acceptées, si elle les eût gardées, une cause de ruine complète.

Ce droit de disposer est évident. C'est une règle de commerce que de l'argent compté et déposé dans un sac non cacheté est la propriété du dépositaire.

Voici, dit M⁰ Plocque, comment M. Monginot expose cette opération :

« Dans les derniers mois de 1857, M. Mirès, étant à court d'argent et croyant à une dépréciation prochaine de ses actions, eut l'idée de faire une opération qui, tout en apportant des fonds dans sa maison de banque, lui fournissait en même temps l'occasion de réaliser un bénéfice considérable.

« Il y avait à cette époque dans la caisse des titres une quantité considérable d'actions de la Caisse générale, appartenant soit à la Caisse, comme restant non placées à l'époque de la souscription, soit à des clients dépositaires pour le reste. M. Mirès se fit délivrer par le caissier des titres, 13 ou 14 mille de ces titres, en lui donnant des reçus qui devaient couvrir la responsabilité dudit caissier, mais qui ne devaient pas figurer sur les livres sur lesquels les actions paraissaient toujours en caisse.

« Une fois en possession de ces titres ainsi détournés des dossiers, M. Mirès les fit écouler à la Bourse par un tiers, et à mesure qu'il en touchait le montant, il en versait tout ou partie au crédit de son compte-courant dans la maison, sans indiquer, bien entendu, la source de cet argent qu'il paraissait tirer de son avoir personnel.

« M. Mirès avait caché cette opération à tout son entourage ; cependant M. Solar, son cogérant, en fut informé, et la trouvant bonne, il voulut en avoir sa part. Il se fit donc livrer 5 à 6,000 actions de la Caisse générale et les écoula par le même procédé que son associé, sans toutefois verser les fonds en provenant qu'il conserva entre ses mains. Il résulte donc de cet accord des gérants un détournement total de 20,000 actions [environ, qui furent vendues dans les prix de 450 à 350 fr.

« Cette opération eut les résultats suivants :

« 1°. D'abord la présence sur le marché de 20,000 titres flottants que leurs possesseurs avaient cru justement raréfier en les mettant en dépôt chez M. Mirès ; la présence de ces 20,000 titres, disons-nous, amena une dépréciation considérable dans les cours des actions de la Caisse. Des valeurs même bien plus solides que celles-là résisteraient difficilement à une combinaison qui écraserait le marché au comptant en y jetant 20,000 actions.

2° Les 20,000 actions ainsi vendues à la Bourse se présentèrent à chaque échéance pour toucher les coupons d'intérêts et dividende, et cependant, bien que ces coupons fussent payés déjà, il fallait en porter le montant au crédit des clients qui possédaient les titres en réalité, et dont on avait dépouillé les dossiers. De là payement desdits 20,000 coupons en double emploi, et la perte résultant de ce double emploi s'est élevée à 700,000 fr, environ, perte que MM. Mirès et Solar ont fait supporter à la Caisse générale ; bien que sur le rachat des titres, rachat qui a duré neuf mois et qui a été fait dans les prix de 150 à 200 fr., ils aient réalisé un bénéfice qu'on ne peut évaluer à moins de 2 millions.

« 3° Ce bénéfice est d'autant plus certain qu M. Mirès employa les moyens les plus énergiques pour avilir le prix de ses propres actions au moment même où il commençait à les racheter.

« M. de Vaux a déposé une note de titres prélevés par MM. Mirès et Solar, émanant de M. Roger, caissier des titres ; sur notre demande, M. Roger nous a remis un état plus complet, d'après lequel les actions distraites se sont élevées à 21,247 actions qui n'ont été réintégrées par MM. Mirès et Solar que deux ans plus tard.

« Nous avons complété ce relevé en y ajoutant le prix des titres au cours du jour, soit de leur prélèvement, soit de leur réintégration. »

Ainsi, on ne s'est pas occupé de savoir, dans quel intérêt ces titres ont été vendus et à quel cours ils ont été rachetés.

J'ai établi qu'on avait le droit de vendre.

On a vendu, parce qu'à cette époque on avait besoin d'argent pour l'emprunt espagnol, les travaux des chemins de fer Romains. On n'a jamais employé un denier à un usage personnel. Puis les besoins d'argent passés, on a racheté des titres et voulez-vous savoir à quel prix l'opération s'est faite.

La vente des 11,247 actions s'est montée à 7,900,000 fr. Le rachat a été effectué à 8,896,000 fr. Nous voilà loin des chiffres de M. Monginot.

Me Plocque aborde ensuite l'affaire des ports de Marseille. M. Mirès faisait là une opération magnifique, mais aléatoire et chanceuse. Il apportait son idée, sa position financière, une responsabilité immense ; à raison des risques qu'il courait et de l'importance de son idée, il pouvait incontestablement s'attribuer un bénéfice de 2 millions, chiffre vrai, et non de 5 millions énoncé par la prévention.

Puis viennent les chemins de Pampelune à Sarragosse.

M. Salamanca a vendu à M. Mirès le chemin tout construit, au prix de 145,000 fr. le kilomètre. Mais le chemin n'en valait pas moins plus de 200,000 fr.

M. Salamanca obtenait des avantages certains en échange de cette diminution dans le prix de vente : une participation d'un cinquième dans l'opération, c'est-à-dire à peu près la propriété de la somme qu'il abandonnait ; de plus, M. Mirès s'engageait à lui fournir des fonds.

Un acte authentique et dûment autorisé et homologué, a été dressé en Espagne dans cette circonstance.

Maintenant, dit Me Plocque, on nous reproche, à l'occasion des chemins de fer Romains, d'avoir distribué sur les exercices 1858 et 1859, une somme de 8,750,000 fr. provenant de la commission sur les chemins de fer Romains.

Ici, la réponse est bien aisée. M. Mirès était souscripteur du tout, actions et obligations. Il lui revenait de cette opération un bénéfice, une commission de 32 millions. Il était obligé de servir les intérêts des 175 millions jusqu'à ce qu'il les eût versés. Ils étaient évalués à 17 millions. Il en restait 15 ; on n'en a distribué que 8.

Me Plocque s'engage ensuite dans une longue discussion sur la valeur à attribuer au capital et à la clientèle de la maison Mirès.

Que le Tribunal, dit-il enfin, me permette de lui dire en terminant que j'ai été soutenu dans l'accomplissement de ma tâche par la conviction où j'étais de l'innocence de M. Mirès, de la bonté et de la noblesse de son cœur.

J'en ai fourni de nombreux exemples. Eh bien, au dernier moment un dernier témoignage de la bienfaisance de celui que je défends est là devant vos yeux. Me Plocque désigne M. Bouquet, greffier de la 6e chambre, connu par la protection dont il environne les enfants abandonnés. Oui, messieurs, M. Bouquet, chaque année voyait arriver chez lui M. Mirès en personne, chargé d'abondantes offrandes pour les malheureux enfants sur lesquels votre greffier étend sa sollicitude. M. Mirès s'informait avec intérêt de l'œuvre de M. Bouquet ; il s'intéressait à ces enfants recueillis; il cherchait à soulager leur malheur et pour cela, il n'envoyait pas un serviteur ou un mandataire; c'était un plaisir qu'il se donnait; il doublait la valeur de l'offrande par le procédé qu'il employait; et personne n'était mis dans cette confidence. Vous avez donc sous vos yeux un honnête homme et j'en ai la conviction, c'est avec cette idée que vous examinerez tous les faits de cette triste affaire.

M. le greffier Bouquet paraît vivement ému de cet incident.

L'audience est levée et renvoyée au lendemain.

AUDIENCE DU 6 JUILLET.

M Léon Duval, défenseur de M. le comte Siméon, sénateur, président du conseil de surveillance de la Caisse générale des chemins de fer prend la parole :

Messieurs, dit-il, je me présente ici pour un honnête homme que le ministère public, je ne sais pourquoi, a embourbé dans une méchante affaire. Oui, la rougeur lui monte au front depuis que ces débats sont ouverts.

Nous sommes cités :

A comparaître en personne, au nom et comme civilement responsable de MM. Mirès et Solar; et encore au nom et comme civilement responsable, pour avoir, étant membre du conseil de surveillance de la société de la Caisse générale des chemins de fer, consenti en connaissance de cause, à la distribution des dividendes non justifiés par des inventaires sincères et réguliers; enfin pour avoir sciemment laissé commettre dans les inventaires des inexactitudes graves, préjudiciables à la société ou aux tiers.

Et de quel délit sont prévenus MM. Mirès et Solar? d'escroquerie et d'abus de confiance.

Et rien ne nous a été épargné. Dès longtemps avant que les débats ne s'ouvrissent, toute la presse jetait cette citation dans le public et nous infligeait un supplice qui n'est pas écrit dans la loi.

Ainsi, nous avons *sciemment* laissé commettre dans les inventaires des inexactitudes graves et préjudiciables à la Société et aux tiers.

Le ministère public nous a dit que nous avions été faibles, parce que nous étions intéressés à l'être.

Qu'avons-nous donc fait pour mériter ce soupçon de vénalité?

M. Monginot a découvert que M. le comte Siméon, lors du traité passé avec M. Honorat, maire de Marseille, pour les terrains de cette ville, avait reçu 30,000 fr.

Eh bien! M. Monginot ne sait pas toute la vérité. Ce n'est pas 30,000 fr. que M. le comte a reçus, c'est 100,000 fr. Mais l'his-

toire n'est pas complète et, pour la terminer, il faut dire que M. le comte Siméon a rapporté à la Caisse ces 100,000 fr. lorsqu'il a vu que l'opération ne donnait pas de bénéfices dès son début.

Et voici la lettre qu'il a écrite à ce sujet au gérant :

Paris, 28 avril 1859.

Monsieur,

Les actionnaires de la Société de Marseille, ne pouvant recevoir cette année, faute de bénéfices, l'intérêt de leurs actions, je ne veux pas, pour mon compte, conserver comme fondateur une part dans des affaires qui restent sans produit plus longtemps que je ne pensais.

Je vous prie, en conséquence, de faire débiter pour compte de :

41,000 fr. portés à mon crédit le 27 février 1855 ;
30,000 fr. id. id. le 31 déc. 1856 ;
30,000 fr. id. id. le 17 sept. 1856.

101,000 fr.

Quand ces affaires seront en voie de prospérité, quand leurs dettes seront liquidées, quand les Sociétés anonymes seront autorisées, nous examinerons ce qui peut revenir aux fondateurs sur le compte régulier des apports. Jusque-là je désire n'y participer pour rien.

Je vous prie de m'accuser réception de la présente lettre, et de m'informer que les écritures ont été passées en conformité.

Recevez, etc.

Signé : SIMÉON.

Ce point éclairci, j'ai à nous laver du reproche de nous être placé vis-à-vis de la gérance dans une position dépendante et humiliante. On a parlé ici d'ambassades fructueuses à Rome et en Espagne. Voyez donc ce que dit, à ce sujet, M. de Chassepot à qui l'on proposait comme argument, pour l'envoyer en Espagne, de gros émoluments et qui les a repoussés. Est-il une lettre plus digne et plus fière :

Je n'appelle pas un engagement ce qu'on m'a fait entendre relativement à une rémunération; ce qu'on m'a dit sur ce point a produit l'effet contraire et m'aurait fait dire : Non !

Ces scrupules sont honorables, mais rien n'est plus légitime que d'accepter un dédommagement. Qui donc est bien aise de quitter ses affaires pour aller faire la guerre à ses dépens ?

M. Siméon est allé à Rome, mais comme le dit M. de Chassepot :

Si M. Siméon a bien pu faire à Rome, c'est qu'il connaissait à fond l'affaire romaine, qu'il était sénateur, fils du concordat, et armé de recommandations de toute nature.

Et, en effet, le cardinal Antonelli lui écrit en le traitant de : « Mon vrai ami. »

L'affaire était donc en excellentes mains.

Je vais maintenant vous dire jusqu'où va la probité scrupuleuse de M. le comte Siméon. Dans l'affaire des chemins Romains, M. Siméon avait vendu à terme 1,000 actions à 540 fr.; s'apercevant que les actions haussaient, il s'est empressé de les racheter à 550 fr. et il a perdu plus de 12,000 fr.

Aussi le président du Sénat a-t-il pu lui écrire la lettre suivante :

Je ne doute pas que votre bonne foi, à laquelle rendent hommage tous ceux qui vous connaisent, ne ressorte avec évidence du débat contradictoire.

Signé : TROPLONG.

Comment M. le comte Siméon est-il entré dans cette Société?

M. l'avocat impérial l'a dit, et dans un langage fort beau; après 1848, le mouvement des esprits s'est porté de la politique vers l'industrie. Bien des gens qui jusque-là avaient vécu dans une oisiveté qui leur pesait, ont cru l'occasion bonne pour donner carrière à leur activité. M. le comte Siméon se trouvait du nombre des gens pensant de la sorte.

Et, en effet, on comprend que le spectacle de toutes ces grandes entreprises où l'on voit le génie de l'homme se jouer de toutes les difficultés de la nature, dut tenter l'imagination de bien des hommes en leur offrant la séduction d'un rôle grand et utile dans les affaires industrielles de leur pays. C'est grâce à la courageuse initiative de ces hommes que dans ces derniers temps un essor si prodigieux a été imprimé à toutes les branches du travail humain : L'agriculture s'est améliorée par le drainage; l'électricité a enfanté des prodiges; le fer travaillé par la houille s'est transformé en édifices immenses.

Qui pouvait prévoir jusqu'où irait cette magnifique impulsion? Mais hélas! les choses humaines sont pleines d'instabilité. La guerre est venue et son souffle a arrêté cet élan.

Un instant on a cru que tout allait être emporté dans sa course fatale. Il n'en a rien été. La guerre n'a fait qu'éprouver les forces de la France. Mais la secousse avait été violente; bien des établissements vacillèrent.

En même temps un mouvement hostile se faisait dans les esprits contre cette animation que l'on voulait donner à la matière. Ceux-là y voyaient seulement le côté du gain, du lucre, et les railleurs disaient que les personnages qui avaient prêté leurs noms à ces affaires, s'ils n'y avaient pas gagné beaucoup d'honneur, y avaient du moins gagné beaucoup d'argent.

Malheur! messieurs, trois fois malheur à ceux qui ayant voulu faire le bien se trouvent pris dans une pareille avalanche. Ils deviennent le point de mire de curiosités malveillantes et ceux qui jouent de la sorte avec la considération d'un hon-

nête homme ne se doutent pas des amers chagrins que leur légèreté occasionne.

Cependant le jour de la justice arrive, et au milieu de tous les froissements que souffre une âme délicate de se voir ainsi exposée à des soupçons offensants, la certitude que la lumière se fera sur vos actes est d'une grande consolation.

M. le comte Siméon apportait dans l'industrie un beau nom. Son aïeul avait été, selon l'expression d'un éminent magistrat, un des personnages imposants du droit français. Il a pris une grande part à deux monuments considérables de son temps, le Concordat et le Code civil.

Son fils fut tour à tour préfet, conseiller d'Etat, pair de France. Le petit-fils, celui qui se présente devant vous, a aussi été mêlé aux affaires politiques de son pays. Après avoir occupé de hautes fonctions administratives, il fut appelé à l'Assemblée constituante et enfin revêtu des plus hautes dignités.

Voyons maintenant à quelles affaires il s'est associé; il a mêlé ce nom qu'il a reçu de ses pères, non-seulement pur, mais encore glorieux et imposant.

Né en Provence, M. le comte Siméon devait avoir une préférence pour les grands travaux qui s'exécutaient dans cette partie de la France. Il entra donc dans l'affaire des ports de Marseille. On vous a répété tant de fois que c'était une, magnifique affaire, qu'il est inutile de le répéter.

Je vous ai montré comment il s'était gardé même du soupçon d'agiotage, de jeu, de tripot. Aujourd'hui que M. Mirès est tombé, ces entreprises n'en sont pas moins debout. Elles n'étaient donc pas de mauvais aloi. Rien dans ces affaires n'était chimérique.

L'exploitation des gîtes houillers de Portes et Sénéchas, les hauts fourneaux de Saint-Louis, n'étaient pas non plus des opérations chimériques : elles répondaient à des besoins sérieux. Elles ont excité parmi les populations au milieu desquelles elles s'accomplissaient, un étonnement d'admiration pour la hardiesse de ceux qui avaient conçu et qui exécutaient de pareils travaux.

Que vous dirais-je, messieurs, sur les chemins Romains et Espagnols? Les souverains de ces deux pays avaient sanctionné les traités intervenus dans ces circonstances. Les entreprises sont en cours d'exécution et d'exploitation; je ne vois pas qu'elles puissent donner prise à la censure.

On a fait de nous un singulier éloge. Le ministère public a dit que les gérants avaient eu le soin de s'entourer d'honnêtes gens, afin d'inspirer toute confiance à la Société, pour pouvoir la tromper plus aisément. Je n'accepte de l'éloge que ce qui peut en être pris. C'est-à-dire que je consens à passer pour un honnête homme, un homme sans astuce, si vous le voulez, mais non un homme ne comprenant pas la valeur des actes qui s'accomplissent autour de lui.

Peut-être qu'en fait de comptes en partie double, nous sommes ignorants, mais la science de la vie n'est pas là, et l'expérience des hommes est à coup sûr plus importante à posséder que la connaissance de certains modes de compter.

Si donc M. Siméon et ses collègues en étaient, comme le dit M. Barbet, à leur apprentissage en fait d'opérations de banque et d'écritures de comptabilité, ils avaient l'habitude des grandes affaires. Il y aurait donc injustice à leur imputer des opérations faites en secret par MM. Mirès et Solar ; ces opérations, ils ne les connaissaient pas et ils ne pouvaient les deviner dans des livres où elles étaient inscrites en style de banque et souvent au rebours.

Est-ce cela d'ailleurs qui a perdu M. Mirès? Sont-ce les vices de sa comptabilité ? Non sans doute ; c'est une opération qui s'est trouvée trop lourde pour ses forces : je veux parler du rachat des actions des chemins Romains.

Me Léon Duval examine ensuite au point de vue de la loi, quelle est la position des membres du Conseil de surveillance vis-à-vis des gérants.

Il fait l'historique des diverses lois sur les Sociétés en commandite. Dès 1837, il y avait eu abus. En 1838, une loi draconienne supprima ce genre de Société, mais on avait été trop loin, et ceux qui avaient crié le plus fort contre l'abus furent les premiers à demander l'abolition de la loi.

Me Léon Duval abordant ensuite la question des dividendes distribués, sans avoir été acquis, discute la légalité de la commission des chemins Romain et s'appuie sur l'arrêt suivant de la cour d'Aix pour démontrer l'absence de motifs d'incriminer cet acte.

L'arrêt de la cour d'Aix décidait :

Un examen fait de tous les documents propres à éclaircir ce point du procès (distribution de faux dividendes), on arrive à cette conclusion, qu'à l'époque indiquée, il a dû y avoir un bénéfice considérable, qui s'abaisse ou s'élève suivant des calculs opposés et des bases différentes, dont aujourd'hui même le mérite respectif n'est pas encore bien déterminé, et qu'en somme le dividende distribué à titre de bénéfices, conforme aux espérances connues, ne parait avoir dépassé la vérité que dans quelques exagérations qu'on avait pu ne pas reconnaître d'abord.

Attendu que si les faits postérieurs, et notamment la baisse des sucres, ont ensuite réduit le chiffre de l'actif, cela prouve seulement que dans le commerce un état de situation vrai aujourd'hui peut ne l'être plus demain, et que, sous ce rapport, les distributions de bénéfices entre actionnaires sont exposées à produire des mécomptes, mais rien ne porte à croire qu'ici les membres du conseil de surveillance aient su ce que le dividende distribué pouvait renfermer d'exagéré.

Me Léon Duval, parlant de l'inventaire de 1858, avoue que, dans cette circonstance, la surveillance du Conseil a été mise en défaut. Mais le Conseil ignorait les faits.

M. l'avocat impérial. — Ces faits ne sont pas incriminés.

Me Léon Duval. —C'est vrai, et j'ai peut-être tort de les rappeler. Mais ce que je veux constater, c'est qu'à cette époque, les membres du Conseil souhaitaient l'adjonction d'un homme spécial, propre à les éclairer sur la sincérité des écritures.

Ce vœu est formulé de la sorte dans la délibération du mois d'avril 1858, ainsi conçue :

Nous n'avons qu'un conseil à leur donner ; c'est de se fortifier par l'adjonction d'un ou de deux ollègues qui plus qu'eux aient le loisir de s'occuper du détail et du courant des affaires. C'est dans la bonne direction journalière que se trouve le succès des grandes comme des petites entreprises. Il ne suffit pas de les fonder avec habileté, de réunir de grands capitaux par son crédit, il faut encore faire fructifier tout cela, et l'ordre, le calme, l'assiduité sont les premières conditions d'une utile gestion. Nos gérants , auxquels nous ne faisons que répéter devant vous un conseil que nous leur avons plus d'une fois donné, savent qu'il n'entre pas dans notre esprit l'idée de leur adresser un reproche. Ils n'ignorent pas plus que nous qu'aucun homme n'est universel, et que chacun a ses qualités et sa spécialité. Nous reconnaissons d'ailleurs que le choix que nous leur conseillons est délicat et difficile ; nous savons qu'il a été, il y a deux ans, au moment de se faire par une fusion utile à la société ; et c'est parce que nous croyons qu'il en résulterait un grand bien que nous leur renouvelons aujourd'hui nos conseils devant vous, pour leur donner plus d'autorité.

Depuis la loi de juillet 1856, les membres du Conseil de surveillance se préoccupaient de la question de distribution des dividendes.

Au 31 décembre 1857, l'inventaire dressé attestait un bénéfice que l'on aurait pu distribuer. Mais on attendit l'assemblée générale du mois d'avril. Or à cette époque, les valeurs avaient baissé. On décida qu'il ne serait pas distribué de dividende en outre des intérêts et le Conseil constata cette résolution par la délibération suivante :

Nous regrettons autant que vous qu'il n'ait pas été possible à la gérance de distribuer cette année un dividende en sus des intérêts qui ont été payés aux actions. Mais l'examen des comptes n'a pas permis de disposer de la somme qui figure comme bénéfice au 31 décembre 1858, attendu que la baisse générale des valeurs depuis cette époque l'a notablement diminuée.

Ce qui augmente nos regrets, c'est que nous ne savons pas même s'il sera permis dorénavant de payer un intérêt semestriel. Nos statuts ont été rédigés avant la loi sur les Sociétés en commandite. L'article 49 de nos statuts dispose que 5 pour 100 sur les bénéfices sont distribués tous les six mois à titre d'intérêts. En exécution de cet article, la gérance a distribué tous les ans la moitié des intérêts au mois de juillet.

Mais aujourd'hui ce payement anticipé paraît devenir impossible; la manière dont la loi de 1856 est interprétée s'y oppose formellement. Pour le faire régulièrement, nous ne verrions qu'un moyen, ce serait de modifier l'article 48 des statuts qui prescrit de faire un inventaire général à la fin de chaque année. Il faudrait décider qu'il sera fait deux inventaires par an, l'un à la fin de juin, l'autre à la fin de décembre. L'intérêt des six premiers mois serait payé à la fin de juillet sur les bénéfices réalisés dans le premier semestre, et l'intérêt des six derniers mois serait payé à la fin de janvier avec le dividende, si le chiffre des bénéfices le permettait. Pour cela il faudrait changer l'époque de l'assemblée générale, fixée au mois d'avril par l'article 37, et l'avancer au mois de janvier. Cette combinaison sera l'objet de l'examen de la gérance, et elle veut soumettre, s'il y a lieu, des propositions à cet égard dans une assemblée extraordinaire.

Me Léon Duval signale la position des membres du conseil de surveillance vis-à-vis du gérant. Les premiers ne peuvent s'immiscer dans aucun des actes de celui-ci sous peine de devenir responsables. Or, lorsque le gérant n'est pas disposé à recevoir la seule chose que l'on puisse lui donner, c'est-à-dire des conseils, qu'y faire !

Nous nous sommes entourés, dit M. Léon Duval, des meilleurs conseils. Nous avons consulté les esprits les plus sages et les plus pratiques.

Les actionnaires n'ont rien à nous reprocher. Ce sont eux, d'après les statuts, qui font les inventaires. D'ailleurs, l'assemblée n'a pas voté la distribution de dividendes; elle n'a fait que payer des intérêts. Le ministère public nous objecte que ce sont de véritables dividendes.

Nous leur répondrons : non, avec la Cour d'Aix, dont voici l'arrêt en pareille matière :

Attendu que sur les trois distributions incriminées il faut d'abord en écarter deux qui ne se rapportent pas réellement à des dividendes, mais à des semestres d'intérêts légalement dus et régulièrement payés à l'échéance, en vertu des statuts, pendant que la société était encore debout.

Vous le voyez, messieurs, dit Me Léon Duval, on n'a pas même distribué l'intérêt du commerce.

Mais est-il permis de distribuer des intérêts avant que les travaux en exploitation n'en produisent?

C'est une question à discuter et nous aurons de notre côté une autorité bien forte et qui doit faire pencher la balance en notre faveur.

M. Troplong dit que l'on peut distribuer de ces sortes d'intérêts, parce qu'après tout on ne fait que prélever une certaine somme sur le capital des actionnaires.

C'est une nécessité; car les petits capitaux se montreraient rebelles à l'industrie, si on ne leur payait des intérêts.

Me Léon Duval cite un exemple qui vient à l'appui de son dire.

Dans une faillite, les créanciers ont été contraints de servir aux commanditaires des intérêts de leur argent qui, évidemment, ne donnait aucun bénéfice.

Un dernier fait à noter, dit Me Léon Duval, c'est que la Société vit ; que ses actions se vendent et résistent à la panique et aux prédictions les plus sinistres.

Au reste, si le ministère public a voulu que tout dans cette affaire fût éclairci, nous sommes loin de nous en plaindre. L'honorabilité de M. Siméon devait sortir pure et irréprochable de ces débats, et quelque douloureux qu'ils aient été pour celui qui, dans d'autres temps, fut l'ami dévoué d'une tête sur laquelle reposent nos destinées, son innocence n'en sera que mieux constatée, et M. le comte Siméon aura traversé ces débats sans reproche.

Me Sénart prend ensuite la parole en faveur de M. de Pontalba.

Messieurs, dit-il, quelque considérable que soit la part qui a été faite à M. de Pontalba dans cette affaire, nous avons dû attendre pour prendre la parole en sa faveur que le défenseur de M. le comte de Siméon eût rempli sa tâche. M. Siméon était en effet président du Conseil de surveillance et en cette qualité une grande partie des faits discutés ici et mis à la charge du Conseil de surveillance pouvaient être personnifiés en lui et ne se rapporter que secondairement à M. de Pontalba que j'ai à défendre.

Le rôle de M. de Pontalba diffère de celui de M. le comte Siméon. Il est plus directement mêlé à certaines entreprises de la Société, et vous n'oubliez pas qu'on vous l'a signalé comme le membre le plus actif du conseil de surveillance.

Nous ne reviendrons pas sur les faits du droit. Ils vous ont été exposés d'une manière trop précise et trop lumineuse, pour qu'il soit nécessaire de s'étendre de nouveau sur ce sujet.

Je veux vous entretenir surtout des nombreuses missions que M. de Pontalba a remplies depuis 1856; des résultats qu'elles ont eues sur les affaires de la Société, et de l'appréciation qu'elles doivent amener de la personne de M. de Pontalba.

Vous le savez, pendant près de trois années consécutives, M. de Pontalba a été absent de Paris pour les affaires de la Société; il n'a donc pu, de Marseille ou de Rome exercer ses fonctions de surveillant sur les opérations de la Caisse, et on ne saurait maintenir avec raison contre lui cette accusation d'avoir *sciemment* laissé commettre des erreurs et des inexactitudes dans les inventaires.

Mais si M. de Pontalba n'a pas à se laver de ce reproche, il est une autre accusation toute morale que le principal prévenu dans cette affaire fait peser sur lui et que son devoir est de repousser.

C'est, dit-on, le désir de la vengeance, le sentiment de la cupidité qui a armé M. de Pontalba contre M. Mirès. Il l'a dénoncé par des motifs de haine et il n'a pas reculé devant la ruine d'une multitude de familles qu'il entraînait dans la haine du gérant de la Caisse des chemins de fer.

Voilà le rôle infâme que l'on prête à M. de Pontalba.

Est-ce là son rôle, comme il essaye de le faire croire? Aurait-il eu la pensée d'user d'un moyen de chantage sur M. Mirès?

Ma tâche est difficile, Messieurs; il faut sortir de cette position que l'on nous a faite; il faut percer cet obscurcissement qui s'est fait autour de nous.

La justification, je l'espère, sera complète.

Voici comment on fait remonter à M. de Pontalba la cause de sa catastrophe, qui vient se dénouer ici.

Il connaissait, dit-on, des motifs d'une dissension qui s'était élevée entre les gérants de la caisse, et, dans cette circonstance, il aurait conçu le projet d'exploiter cette situation et de dire à M. Mirès et à M. Solar: Je connais vos jalousies et vos rivalités. J'ai besoin d'argent. Si vous ne m'en donnez pas, je dénonce.

Me Sénart s'attache à démontrer que M. de Pontalba était le créancier sérieux de la Société; il lui a rendu à Marseille et à Rome des services signalés pour lesquels il n'a rien ménagé.

Me Sénart lit plusieurs lettres de Mirès et Solar à M. de Pontalba, dans lesquels celui-ci est appelé le sauveur de la Société: vous vous êtes couvert de gloire! lui écrit-on à propos de la réussite d'une négociation. Comptez sur notre reconnaissance, lui écrit une autre fois M. Solar. Tous ces faits établissent surabondamment que M. de Pontalba était dans son droit en réclamant ce qui lui était dû aux gérants.

S'il a porté plainte, c'était uniquement pour mettre sa responsabilité à couvert. Il a agi comme tout membre consciencieux d'un conseil de surveillance doit le faire.

AUDIENCE DU 9 JUILLET.

A cette audience, Me Marie avocat de M. de Chassepot présente sa défense. Il insiste sur l'honorabilité de son client ancien maire d'Amiens. Il rappelle qu'il a refusé de faire un voyage en Espagne parce qu'on lui offrait une rémunération pécuniaire.

A cette même audience Me Nicolet présente la défense de M. le comte de Poret, autre membre du conseil de surveillance.

Me Mathieu, un peu remis de son indisposition résume les moyens de défense du prévenu Mirès.

L'audience est remise au 11 pour le prononcé du jugement.

AUDIENCE DU 11 JUILLET.

Le tribunal rend le jugement suivant:

« Le tribunal,

« Après avoir entendu M. l'avocat impérial en ses conclusions, Mirès et les personne citées comme civilement responsables en leurs moyens de défense;

« Donne de nouveau défaut contre Solar, non comparant quoique régulièrement cité;

« Et statuant à l'égard de Mirès et de Solar,

« En ce qui touche l'abus de confiance relatif au bénéfice de l'opération du chemin de fer de Pampelune à Saragosse,

« Attendu que la prévention n'est pas suffisamment établie,

« Renvoie Mirès et Solar de ce chef,

« En ce qui touche l'escroquerie:

« Attendu qu'en 1856, 1857, 1858 et 1859, des clients de la Caisse générale des chemins de fer, au nombre de 533, ont remis à Mirès et Solar, gérants de ladite Caisse, en nantissement d'avances à eux faites en compte-courant, des titres au porteur de nature et d'origine diverses;

« Attendu que la majeure partie de ces titres a été vendue par les gérants à des époques très-rapprochées de leur dation en nantissement, sans consentement ni mise en demeure des clients;

« Que cette vente, faite à de hauts cours et qui a produit une somme de plus de 10 millions de francs, a été dissimulée aux clients, dont les gérants entretenaient l'erreur en leur envoyant, à des époques périodiques, le relevé de leurs comptes, dans lesquels on les débitait, des intérêts des sommes avancées en les créditant du produit des coupons afférents à des titres qui n'existaient plus dans la Caisse;

« Attendu qu'à la fin d'avril et au commencement de mai 1859, les événements politiques ayant produit chez nous une baisse considérable des valeurs de Bourse, Mirès et Solar ont eu la pensée dans l'intérêt de la Société en péril, des titres

commune l'un à l'autre et exécutée par Mirès, de liquider frauduleusement leur situation à l'égard de leurs clients, en vendant fictivement dans les bas cours des titres qu'ils n'avaient plus en leur possession, puisqu'ils les avaient précédemment vendus réellement quand les cours étaient élevés.

« Attendu que, pour arriver à la réalisation de cette pensée, qui devait avoir pour résultat de libérer les gérants de tout ou partie de leurs obligations, et de les faire profiter de la différence entre les cours de la vente réelle et ceux de la vente fictive, Mirès a adressé, les 30 avril, 2 et 3 mai 1859, une lettre circulaire aux 333 clients qui avaient remis à la Caisse des titres en nantissement pour les aviser; qu'en présence des circonstances, il avait paru prudent aux gérants de vendre ces titres à la Bourse du jour; qu'à cette lettre était joint un bordereau des titres avec le prix de vente au cours du jour et l'indication du courtage perçu, et qu'en même temps, pour donner une apparence de réalité à cette exécution fictive, Mirès vendait, les 30 avril, 2 et 3 mai, toutes les valeurs prétendues exécutées par l'intermédiaire d'un agent de change à un de ses courtiers habituels, qui, le même jour, par une autre opération simulée, les revendait à Mirès;

« Attendu que les clients ont été trompés par cet ensemble de combinaisons qui avait pour but et pour résultat de leur persuader l'existence d'une vente fictive, et de leur en faire accepter les conséquences en leur inspirant la crainte d'un événement chimérique, à savoir une baisse qui ne pouvait plus atteindre leurs valeurs puisqu'elles n'existaient plus en la possession des gérants;

« Qu'en cet état de choses, les uns restés créditeurs après la balance du montant de leur compte-courant et du prix fictif des valeurs exécutées, ont touché le reliquat qui leur revenait et en ont donné décharge; que d'autres, constitués débiteurs par cette balance, ont payé le montant de ce qu'ils devaient en apparence; que d'autres enfin ont accepté le règlement de compte résultant de l'exécution et continué leurs rapports avec la Caisse générale des chemins de fer;

« Attendu qu'il suit de là qu'en faisant usage de manœuvres frauduleuses pour faire croire à un événement chimérique, Mirès et Solar se sont fait remettre certaines sommes d'argent par divers, notamment par Ducros, par Danner, par Martin, par Tersouly; et des quittances, décharges et arrêtés de compte opérant obligation par le vicomte d'Aure, Courtois, la veuve Desprez, Delhaye, Petit-Jean et autres; et qu'ils ont ainsi escroqué tout ou partie de la fortune des susnommés;

« Attendu que certains clients ont protesté contre l'exécution tout en la croyant réelle, mais en la considérant comme faite sans droit; que parmi eux, les uns, par l'insistance de leurs réclamations et l'intimidation produite par leurs menaces, ont contraint les gérants à annuler l'exécution en ce qui les concernait et à les réintégrer dans leur situation antérieure; que les autres constitués débiteurs par l'exécution n'ont rien payé.

« Qu'il suit de là, qu'à leur égard, et notamment à l'égard de Dreyfus, de Beauvais, de Lefort, de Thierry, Mirès et Solar ont tenté de se faire remettre des fonds, quittances ou décharges, et ont ainsi tenté d'escroquer tout ou partie de la fortune d'autrui, des susnommés.

« Attendu qu'on opposerait vainement que, du contrat de compte-courant intervenu entre les gérants de la Caisse et les clients de la nature des titres remis en nantissement, résulterait le droit pour les gérants de disposer de ces titres à leur profit, à la charge seulement de restituer ces titres ou leur valeur au jour de l'arrêté de compte;

d'où l'on conclurait que les gérants ont pu vendre les titres et que l'exécution du 30 avril et des 2 et 3 mai 1859 n'a été qu'un moyen irrégulier et violent, mais non délictueux, de régler le compte à faire entre la Caisse et ses clients :

« Qu'en effet, il est de l'essence du contrat de nantissement que le créancier nanti ne puisse disposer du gage autrement que de la manière déterminée par la loi, qui interdit toutes stipulations et conversions contraires; que, sans doute, le créancier nanti qui dispose du gage et en réalise irrégulièrement la valeur, ne se rend pas coupable d'un délit, mais qu'il devient débiteur du produit de la réalisation : et si plus tard, après avoir dissimulé cette réalisation, il emploie des manœuvres frauduleuses pour obtenir du propriétaire du gage à une vente ou réalisation qui ne peut plus avoir lieu, et pour obtenir, par ce moyen, un règlement de compte dans des conditions favorables pour lui et préjudiciables pour son débiteur, il commet un fait délictueux qui tombe sous l'application de la loi pénale; que la théorie qui sert de base à la défense repose sur des pratiques subversives de toute règle et de tout droit, et non moins contraires aux saines maximes d'une industrie et d'un commerce réguliers qu'à la morale et à la loi;

En ce qui touche l'abus de confiance et d'abord en ce qui touche le chef relatif au détournement d'actions de la Caisse générale des chemins de fer;

Attendu que les documents produits par le prévenu Mirès, joints aux pièces de l'instruction, suffisent à la solution de la question relative aux détournements d'actions de la Caisse, sans qu'il soit nécessaire de recourir à un supplément d'expertise;

« Attendu qu'il est constant en fait et qu'il résulte des pièces produites, que d'août 1857 à septembre 1858, Mirès s'est fait remettre par Roger, caissier des titres, sur ses simples reçus, 12,608 actions de la Caisse qui y étaient en dépôt, et que Solar s'est fait remettre par le même caissier et de la même manière, de septembre 1857 à octobre 1858, 8,639 actions de la même nature, au total, 21,247 actions; que ces actions irrégulièrement sorties de la caisse dans laquelle elles n'étaient plus représentées que par les reçus des gérants, ont été vendues à la Bourse pour le compte de Mirès et de Solar : que le produit des ventes opérées par Mirès a été porté à son compte-courant personnel qui s'en est amélioré d'autant à son profit; que plus tard ces actions ont été rétablies à la caisse, mais que s'il n'est pas possible de déterminer avec précision les prix de vente et les prix d'achat, il résulte de la comparaison du cours à l'époque de la prise des actions, et par conséquent à l'époque de la vente, et du cours à l'époque de la restitution et par conséquent à l'époque du rachat, que les gérants ont réalisé sur cette opération un profit considérable qui s'élève au moins à deux millions de francs;

« Attendu que le profit a été réalisé par eux, au préjudice de la Société, pour 5,852 actions qui appartenaient encore à la Société, et dont, en leur qualité de gérants, ils étaient dépositaires, et pour le surplus au préjudice d'actionnaires qui avaient déposé leurs titres à la Caisse des chemins de fer, et, par conséquent, aux gérants de cette Caisse; que ce préjudice résulte principalement de cette circonstance qu'une quantité de plus de 21,000 titres flottants jetés sur le marché a eu pour conséquence de déprécier les actions de la Caisse et d'en abaisser les cours, ce qui a permis aux gérants de réaliser le bénéfice frauduleux de leur opération;

« Attendu qu'on oppose vainement, dans l'intérêt de Mirès, qu'il aurait disposé de bonne foi, et qu'il considérait comme des billets de banque : qu'en effet, les précautions prises pour cacher non-seulement au public, mais au conseil d'administration lui-même les prélèvements opérés par les gérants; la précaution prise par les gérants l'un contre l'autre, les menaces de révélations adressées par Mirès à Solar, à une époque où le secret de l'opération n'était plus nécessaire dans l'intérêt social, démontre le mobile personnellement intéressé, sous l'empire duquel ils ont agi; que d'un autre côté on ne peut assimiler un dépôt d'actions ou de titres même au porteur, à un dépôt de choses fongibles, tel que serait un dépôt d'espèces fait à découvert qui constituerait plutôt un prêt qu'un dépôt proprement dit; que des actions au porteur sont un corps certain qui doit être spécifiquement restitué au déposant et qui doit pouvoir lui être représenté à chaque instant; que d'ailleurs il y aurait le plus grand danger pour le crédit en général, et spécialement pour le crédit d'une société, pour sa sécurité et la gestion utile des intérêts sociaux, à reconnaître aux gérants le droit de puiser à pleines mains dans la caisse des titres pour faire à leur gré la hausse ou la baisse des actions, et même pour soutenir artificiellement par ce moyen des affaires mal engagées ou mal conduites;

« Attendu que c'est également à tort qu'on se prévaut, pour faire disparaître le bénéfice des gérants, et par suite l'intention frauduleuse, de ce que l'opération dont s'agit aurait porté non sur environ 21,000 actions de la Caisse, mais sur environ 27 000 qui auraient été rachetées à un prix moyen égal et même supérieur au prix de vente; qu'en effet on ne saurait confondre avec le prélèvement de 21,247 actions de la Caisse subrepticement opéré en 1857 et 1858 des ventes officiellement faites deux ans après, à la fin de 1860 et au commencement de 1861, et des rachats faits à la même époque; que d'un autre côté, on ne peut compliquer l'opération qui a eu pour objet les 21,247 actions détournées, de cette circonstance que, en avril 1859, Mirès s'est fait appliquer comme moyen de restitution et au cours de 500 fr. les 3,858 actions appartenant à la Société, et qu'il avait pris dans la caisse des titres; que si cette attribution n'a pas été admise par le conseil de surveillance et si l'écriture qui faisait cette application à Mirès a été contre-passée les 30 et 31 décembre 1859, de telle sorte que la restitution opérée par ce moyen a été non avenue, Mirès ne saurait profiter de cette circonstance qui, loin de prouver sa bonne foi, est la démonstration la plus claire de son intention frauduleuse;

« Attendu que si ce délit est prescrit pour les détournements opérés plus de trois ans avant les poursuites commencées, il subsiste, pour tous les autres détournements; qu'il suit de là que, depuis moins de trois ans, Mirès et Solar ont détourné et dissipé, au préjudice de la Caisse générale des chemins de fer et d'un certain nombre de clients de cette Société, des titres de ladite Caisse qui ne leur avaient été remis qu'à titre de dépôt, de mandat et à la charge de les rendre ou représenter et d'en faire un usage ou un emploi déterminé;

« En ce qui touche le détournement commis au préjudice de divers souscripteurs d'obligations du chemin de Pampelune à Saragosse;

« Attendu que le nombre des obligations du chemin de fer de Pampelune à Saragosse a été fixé par les statuts à 50,000; que par une délibération de l'assemblée générale des actionnaires, le nombre de ces obligations a été porté à 52,000 au cours d'émission de 250 fr.; que cependant la souscription s'étant élevée à 56,312 obligations, les gérants, dans le but avoué et condamnable de soutenir artificiellement les cours, au lieu de restituer le montant du versement aux souscripteurs

pour lesquels ils n'y avait plus d'obligations ou de leur déclarer qu'il n'y avait plus d'obligations, leur ont remis en échange de leurs titres provisoires, et au moment où ceux-ci faisaient leur dernier versement, des certificats nominatifs qui n'étaient eux-mêmes que des titres provisoires, et qui, au lieu d'engager la Société, n'engageaient que les gérants;

« Qu'ainsi Mirès et Solar ont, en 1860, détourné et dissipé au préjudice d'un certain nombre de souscripteurs d'obligations du chemin de fer de Pampelune à Saragosse et notamment de Courtier, Flammermont, Blanchet, Levis, Gromard, Rosier, Sudet, Legendre et Hervieux, des deniers qui ne leur avaient été remis qu'à titre de mandat à la charge d'en faire emploi et de les rendre et représenter;

« En ce qui touche le détournement d'actions de diverses natures.

« Attendu qu'il est constant et non méconnu qu'en 1858, 1859, et 1860 des clients de la Caisse générale des chemins de fer lui avaient remis en dépôt des titres de diverses natures, soit pour les conserver, soit pour en toucher les coupons à titre de mandat, que cependant ces titres ne se retrouvent plus dans la caisse, dont ils ont été retirés par les gérants qui en ont disposé, soit dans leur intérêt propre, soit dans l'intérêt de leur Société; qu'en vain Mirès objecte que ces titres étant déposés en compte-courant, leur dépôt donnait lieu à l'ouverture d'un compte d'attente, et qu'ainsi il a pu en disposer comme de titres remis en nantissement sans commettre aucun délit;

« Qu'il suffit d'énoncer cette prétention de l'ouverture d'un compte-courant d'attente pour en faire justice, et qu'il ne peut, en effet, dépendre du dépositaire de changer la nature du contrat, de substituer un nantissement à un dépôt; et de considérer comme un débiteur éventuel le déposant qui est et qui entend rester propriétaire du titre déposé.

« Qu'ainsi Mirès et Solar ont, depuis moins de trois ans, détourné ou dissipé au préjudice d'un certain nombre de clients de la Caisse, notamment au préjudice de la demoiselle Grandjean, de la dame Delaloge, de la veuve Bertrand, des actions ou obligations qui ne leur avaient été remises qu'à titre de dépôt ou de mandat à charge de les rendre et représenter;

« En ce qui touche la répartition de dividende non acquis :

« Attendu qu'on ne peut considérer comme constituant un dividende réellement acquis dans le sens de l'art. 15 de la loi du 17 juillet 1850, celui qui est pris sur un excédant d'actif obtenu au moyen de la passation en ligne de compte de bénéfices non réalisés, de dissimulation d'articles qui devraient figurer au passif, ou d'exagération frauduleuse dans les évaluations de l'actif;

« Attendu que dans l'inventaire de 1857, arrêté en conseil de surveillance le 24 avril 1858, les gérants ont fait figurer à l'actif comme constituant un bénéfice réellement acquis, une somme de 4,575,000 fr. pour moitié de la commission sur les chemins de fer Romains, que ce bénéfice n'était point alors réellement acquis, puisque, soit qu'on le considère comme ayant pris ces actions à son compte pour en opérer le placement, le bénéfice n'était acquis qu'autant que la commission était gagnée par le service rendu ou par la vente des actions, que si les 170,000 actions ont été souscrites, et si 59,413 actions ont été délivrées, elles ont été presque aussitôt rachetées avec prime par la Caisse générale des chemins de fer, qui n'en a laissé que 155 sur le marché, et qui, en les concentrant ainsi entre ses mains, au grand préjudice de l'affaire, n'a pu ni gagner une commission pour un service qu'elle n'avait pas rendu, ni réaliser un bénéfice sur une vente qu'elle n'avait pas faite; qu'il y avait là sans doute la cause ou le principe d'un bénéfice, mais que, cette cause étant restée sans effet et le principe sans conséquence, c'est à tort que ladite somme de 4,575,000 fr. figure à l'actif de l'inventaire de 1857 comme constituant un bénéfice acquis ;

« Attendu qu'en cet état des faits ainsi constatés, il n'est pas nécessaire de recourir sur ce point à une vérification nouvelle;

« Attendu qu'il est constant et reconnu que dans ce même inventaire, les gérants ont omis de faire figurer au passif les pertes éprouvées sur des marchés à terme ; qu'il suit de là que le dividende de 56 fr. par action distribué pour 1859, a été pris non sur des bénéfices réalisés, mais sur le capital social;

« Attendu qu'il est également constant et reconnu qu'une perte de 5,953,000 fr. sur des marchés à terme a été omise au passif dans l'inventaire de 1858 ; d'où il suit que c'est encore illicitement, ladite somme devant venir en déduction de l'actif, qu'un dividende de 15 fr. par action a été distribué pour 1858 ;

« Attendu qu'à l'inventaire de 1859, les gérants ont porté à l'actif comme constituant un bénéfice acquis une somme de 9.151,750 fr., représentant le profit de la Caisse générale des chemins de fer sur l'opération du chemin de fer de Pampelune à Saragosse ; mais que le bénéfice, qui ne pouvait être réalisé que par le placement des actions de la Compagnie fondée par Mirès au nom de la Caisse et par Salamanca, ne pouvait être réalisé que par le placement des actions, et que, conséquemment, il n'était pas acquis au 31 décembre, jour de l'inventaire, la souscription pour l'émission des actions n'ayant été ouverte que le 27 mars 1860 ;

« Attendu que les gérants ont omis de porter au passif du même exercice une perte de 1,600,000 fr. sur des marchés à terme ;

« Qu'ainsi ils ne sont arrivés à distribuer un dividende de 25 fr. par action qu'en dissimulant des pertes, et en comptant, comme réellement acquis des bénéfices futurs et éventuels;

« Attendu que l'inventaire de 1860 se solde par un excédant d'actif de plus de quatre millions, qui n'a pu être obtenu qu'en exagérant certains articles, ou en ne leur faisant pas subir des réductions nécessaires, dans l'intention évidemment frauduleuse de présenter des résultats brillants, de nature à les imposer aux actionnaires et au public, et que c'est ainsi que Mirès est parvenu à distribuer pour 1860 un dividende de 25 fr. par action;

« Attendu qu'il importe peu que le dividende de 1858, de 1859 et de 1860 n'excède pas l'intérêt du prix d'émission des actions de la Caisse générale des chemins de fer, que les intérêts qui sont le profit du capital, quand surtout il s'agit d'une caisse financière, ne peuvent être perçus que lorsqu'il y a un profit et constituent dès lors un véritable dividende ;

« Qu'ainsi, depuis moins de trois ans, Mirès et Solar étant gérants de la Société en commandite par actions ayant pour raison sociale J. Mirès et Cᵉ, et connue sous la dénomination de Caisse générale des chemins de fer, ont opéré, au moyen d'inventaires frauduleux, la répartition entre les actionnaires de dividendes non réellement acquis à ladite Société;

« Qu'il suit de tout ce qui précède que Mirès et Solar ont commis les délits prévus et punis par les articles 405, 406, et 408 du Code pénal et 13 de la loi du 17 juillet 1856;

« Statuant à l'égard du comte Siméon, de Pontalba, du comte de Chassepot et du comte de Poret ;

« En ce qui touche le baron de Pontalba, le comte de Chassepot et le comte de Poret ;

« Attendu que, s'ils n'ont pas surveillé l'administration de la Caisse générale avec tout le soin et toute l'exactitude nécessaires, et s'il y a lieu de leur reprocher des négligences regrettables, et d'avoir accordé une confiance trop aveugle, il n'est cependant pas établi qu'ils aient sciemment laissé commettre dans les inventaires les inexactitudes graves précédemment relevées ni qu'ils aient, en connaissance de cause, consenti à la distribution de dividendes non justifiés par des inventaires sincères et réguliers: qu'il en est ainsi spécialement pour le baron de Pontalba, qui n'a assisté qu'à la réunion du 24 avril 1858: qu'il n'était pas présent aux réunions où ont été arrêtés les inventaires de 1858 et de 1859, et qui avait cessé de faire partie du conseil de surveillance lors de la réunion où a été arrêté l'inventaire de 1860.

« Renvoie le baron de Pontalba, le comte de Chassepot et le comte de Poret de l'action du ministère public ;

« En ce qui touche le comte Siméon :

« Attendu qu'en sa qualité de président du conseil d'administration, le comte Siméon a été initié à toutes les affaires sociales et qu'il en a connu le mauvais état ; que, s'il a pu ignorer la dissimulation des pertes commises en 1857 et 1858, il est constant qu'il a connu la dissimulation de 1,600,000 francs commise en 1859 et qu'il a su par la vérification de l'inventaire de 1860 que cet inventaire contenait des inexactitudes graves, préjudiciables à la Société qu'on trompait sur le véritable état des choses, et aux tiers et au public, auxquels on voulait faire illusion sur le crédit et la fortune d'une Société qui ne se soutenait qu'à l'aide d'expédients; qu'il a encore su, par la vérification de cet inventaire et des inventaires antérieurs, qu'il n'y avait aucun bénéfice réellement acquis, et que cependant il a consenti à la distribution de dividendes non justifiés par un inventaire sincère et régulier ;

« Qu'il importerait peu que la Société n'eût pas de créanciers; que la loi qui rend les membres du conseil de surveillance responsables des distributions de dividendes fictifs auxquels ils ont sciemment consenti, est une loi d'ordre public qui a voulu qu'on ne pût présenter comme faisant des bénéfices une Société qui ne réalise que des pertes, dans le but d'attirer des acheteurs et de produire une hausse factice des actions sociales;

« Que cet oubli des devoirs imposés aux membres du Conseil de surveillance a d'autant plus de gravité que leur position personnelle est de nature à inspirer plus de confiance ;

« Qu'ainsi, c'est à bon droit que le comte Siméon a été cité par le ministère public comme responsable, avec les gérants, desdites inexactitudes et des distributions de dividendes ;

« Par ces motifs, et sans qu'il y ait lieu de s'arrêter aux conclusions de Mirès tendant à un supplément d'expertise;

« Faisant application à Mirès et à Solar des articles 405, 406 et 408 du Code pénal et de l'art. 15 de la loi du 17 juillet 1856,

« Condamne Mirès et Solar chacun en cinq années d'emprisonnement et 3,000 fr. d'amende;

« Condamne Mirès, Solar et le comte Siméon, comme civilement responsables, aux dépens;

« Fixe à un an la durée de la contrainte par corps. »

FIN DU PROCÈS MIRÈS ET SOLAR.